KÖNIGS FURT

Zu diesem Buch

Evelin Bürger und Johannes Fiebig gehören zu den meistgelesenen Tarot-Autoren. Aus persönlicher Erfahrung und der Begegnung mit tausenden Tarot-Interessierten in Kursen und Seminaren legen Sie hiermit eine umfassende *Praxis-Anleitung* für das Tarot-Kartenlegen vor: Für alle Arten von Tarot-Karten geeignet. Mit 122 Legemustern für Einsteiger/innen, Fortgeschrittene und Eingeweihte. »Tarot-Praxis« zeigt Ihnen, was Sie mit Tarot *erleben* können und wie Sie mit den inneren Zusammenhängen des Tarot vertraut werden.

Aus dem Inhalt:

- Tages-, Jahres-, Persönlichkeitskarten und vieles mehr
- Lieblingskarte, Streß- und Glückskarten, »Pfortenkarte«
- Alte und neue Anwendungsmöglichkeiten

- Wie Sie Tarot selber deuten
- Wie Sie Ihre Deutungen vertiefen
- Wie Sie Zusammenhänge erkennen
- Wie Sie Projektionen aufheben

Evelin Bürger, am 3. Mai 1952 (um 10.24 Uhr) in Kiel geboren, und *Johannes Fiebig,* am 30. März 1953 (um 7.55 Uhr) in Köln gebürtig, leben mit ihren beiden Kindern in Klein Königsförde am Nord-Ostsee-Kanal (Schleswig-Holstein) als Autoren und Verleger.

Evelin Bürger / Johannes Fiebig

TAROT
PRAXIS

Königsfurt

Originalausgabe
Königsförde 1995

Copyright © Königsfurt Verlag
Königsfurt 6
D-24796 Klein Königsförde
am Nord-Ostsee-Kanal (Post Bredenbek)

Umschlagmotiv & Litho: Martin Brandner, Kiel
Schreibarbeiten: Sigrid und Ralf Meisner, Krummwisch

Gesamtherstellung: Clausen & Bosse, Leck
Printed in Germany
ISBN 3-927808-35-0

Inhalt

Vorwort 9

1. Teil
Praxis des Tarot 11
   1. Wegweiser und Einführung 13
   2. Grundlagen 17
   3. Persönlichkeits- und Jahreskarten 26
   4. Große Auslagen 29
   5. Themenkarten 34
   6. Tarot – selber deuten 37
   7. Weitere Anwendungen 45
   8. Die 78 Karten als Netzwerk 51
   9. Jede Karte eine Welt für sich 56

2. Teil
Legemuster 59
   Verzeichnis aller Legemuster
   auf den beiden folgenden Seiten

3. Teil
Praxis: Tarot und Astrologie 173

Anmerkungen und Literaturhinweise 193

Verzeichnis der Legemuster

I. Für jeden Tag
1. »Tageskarte« 60
2. »Tageskarten-Variante« . . . 61
3. »Tageskarte mit Erläuterungen« 61
4. »Tagesaufgaben« 62
5. »Tageslosung« 62
6. »Tagesverlauf« 63
7. »Die Geschichte meiner Tageskarte« 64
8. & 9. »Zwei Auslagen für alle Fälle« 65
10. »Entscheidung« 66

II. »Tendenzen & Perspektiven«
11. »Kreuz« Variante 1 67
12. »Kreuz« Variante 2 68
13. »Kreuz« Variante 3 69
14. »Kreuz« Variante 4 70
15. »Trendlinie« Variante 1 . . . 71
16. »Trendlinie« Variante 2 . . . 71
17. »Trendlinie« Variante 3 . . . 72
18. »Das Wegekreuz« 73
19. »Trendbefragung« 74
20. »Talent & Chance« 75

III. Lockerungs- & Entspannungsübungen
21. »Lieblingskarte« 76
22. »Großer Traum« 77
23. »Verrückte Vision« 78
24. »Tarot-Magie« 79
25. »Meditatives Kartenlegen« 80
26. »Assoziatives Kartenlegen« 81
27. »Zauberspruch der Zigeuner« 82
28. »Überraschungsspiel« 83
29. »Das Kirchhof-Spiel« 84
30. »Mut zur Lücke« 85

IV. Konzentrations- & Sammlungsübungen
31. »Augen-Blick« 86
32. »Zentrierung« 87
33. »Persönlichkeitskarten« . . 88
34. »Streßkarte« 89
35. »Hit-Liste« 90
36. »Anti-Hit-Liste« 91
37. »Das Unbekannte« 92
38. »Eine Karte weglegen« . . . 93
39. »Die vier Elemente« 94
40. »Brennpunkt« 95

V. Suchen & Finden
41. »Der Stern« 96
42. »Das Pentagramm« 97
43. »Lösen & binden« 98
44. »Fragespiel« 99
45. »Wünsche & Ängste« 100
46. »Neue Antworten« 101
47. »Der Weg« oder »Die Wende« 102
48. »Neue Werte« 103
49. »Zielfindung« 104
50. »Erkenne Dich selbst« 105
51. »Auch so bin ich« 106
52. »Blinder Fleck« 107
53. »Innere Kraft« 108
54. »Woher kommt mein/e…?« Variante 1 109
55. »Woher kommt mein/e…?« Variante 2 109
56. »Wo oder wie finde ich…?« 110
57. »Wie finde ich…?« 110
58. »Wo finde ich…?« 111
59. »Wandlungsschritte 1« . . . 111
60. »Wandlungsschritte 2« . . . 112
61. »Wandlungsschritte 3« . . . 113
62. »Der Weg der Wünsche« . . 114

VI. Entscheidungsfragen
63. »Entscheidungen« 115
64. »Entscheidungsgründe« . . 116
65. »Akute Konsequenzen« . . . 117
66. »Problemstellung« 118
67. »Lösung« 119
68. »Das Wesentliche« 120
69. »Einteilung« 121
70. »Der nächste Schritt« 122
71. »Die nächsten Schritte« . . . 123
72. »Das Schwert« 124

VII. Beziehungen & Partnerschaft

73. »Gemeinsame Lösung« ... 125
74. »Partnerschaft« 126
75. »Beziehungstarot« 127
76. »Partnerschafts-Spiegel« .. 128
77. »Beziehungs-Weise« 129
78. »Tarot-Encounter« 130
79. »Ich liebe sie alle...« 131
80. »Drei L« 132
81. »Ich liebe, weil...« 133
82. »Liebestest« 133

VIII. Lebensreise

83. »Bestandsaufnahme» 134
84. »Zielsetzung« 134
85. »Lösungsweg« 135
86. »Gipfel des Glücks« 136
87. »Gegenwart und Zukunft« 137
88. »Weg und Ziel« 138
90. »Selbstbeschreibung« 139
91. »Lernaufgaben« 140
92. »Traumziel« 141

IX. Vorschau & Überblick

93. »Jahreskreis« Variante 1 .. 142
94. »Jahreskreis« Variante 2 .. 143
95. »Jahreskreis« Variante 3 .. 144
96. »Jahreskreis« Variante 4 .. 145
97. »Weitere Jahreskarten« ... 146
98. »Tarot-Tableau« 147
99. »Keltisches oder Sonnenkreuz« Variante 1 148
100. »Keltisches oder Sonnenkreuz« Variante 2 149
101. »Keltisches oder Sonnenkreuz« Variante 3 150
102. »Keltisches oder Sonnenkreuz« Variante 4 151

X. Große Auslagen

103. »Zigeunermethode« Variante 1 152
104. »Zigeunermethode« Variante 2 153
105. »Pyramide« Variante 1 .. 154
106. »Pyramide« Variante 2 .. 155
107. »Wendepunkte« 156
108. »Tarot-Tableau 2« 157
109. »Der Fächer« 158
110. »Golden-Dawn-Divination« 159
111. »Tarot-Tableau 3« 160

XI. Verschiedenes

112. »Umkehr« 161
113. »Abschied 1« 162
114. »Abschied 2« 163
115. »Abschied 3« 164
116. »Loslassen, um zu ernten« 165
117. »Verteufelt...« 166
118. »Mein größtes Laster...« 167
119. »Meine größte Stärke...« 168
120. »Mein wichtigstes Talent...« 169
121. »Lieblingsauslage« 170
122. »Ganz persönlich« 171

Vorwort

Zu den bemerkenswerten Vorzügen des Tarot gehört es, daß sich Spiel und Ernst in schöner und besonderer Weise mischen! Spielerische Freiheit und persönliche Verbindlichkeit in der Nutzanwendung des Tarot schließen sich nicht gegenseitig aus. Im Gegenteil, sie beflügeln einander. Die Intuition gewinnt dazu, wenn sie über gewisse *Methoden* verfügt, und die scheinbar so feststehenden Traditionen der Tarot-Interpretation werden erweitert und auf den heutigen Stand gebracht, wenn zu dem überlieferten Wissen die kreative Vielfalt der *persönlichen Erfahrung* hinzugenommen wird.

Um die Steigerung der Intuition und der Methodik im Umgang mit den Tarot-Karten geht es in diesem Buch. Vieles Neues ist darin enthalten, das vor allem auf die Tarot-Seminare zurückgeht, die Johannes Fiebig seit etlichen Jahren gibt; manches auch, das in anderen Büchern bisher nur stückweise entwickelt war.

»*Tarot-Praxis*« möchte Ihre Vertrautheit mit den Möglichkeiten und den inneren Zusammenhängen des Tarot erweitern, und da die Karten einen *Spiegel* darstellen, bedeutet dies im Endeffekt auch eine wachsende Vertrautheit mit Ihnen selber!

Das wird es leichter machen, für persönliche Wünsche und Ängste eine Antwort zu finden. Glück ist keine Glückssache – es erfordert den Mut, den manchmal unbekannten Wirklichkeiten der eigenen Person ins Auge zu schauen, und es braucht ein gewisses *Know-How*, um sich selber klare Unterscheidungen, Brücken und Wege zu eröffnen.

Dieses *Handwerkszeug* für den Gebrauch des Tarot bietet Ihnen das vorliegende Buch. Außerdem eine Sammlung von über 100 Legemustern, die Sie in Ihrer persönlichen Tarot-Praxis begleiten und unterstützen werden.

Viel Freude mit Tarot!

Evelin Bürger & Johannes Fiebig

1. Teil
Praxis des Tarot

1. Wegweiser & Einführung

»**T**arot-Praxis« zeigt Ihnen, was Sie mit Tarot erleben können und wie Sie mit den inneren Zusammenhängen des Tarot vertraut werden.

Benutzungshinweise

Dieses Buch bietet einen Leitfaden für das persönliche Tarot-Kartenlegen. Sie können es von A bis Z durchlesen, abschnittsweise ausprobieren oder zum Nachschlagen verwenden.
So oder so wird es Ihre Tarot-Praxis bereichern – geheimnisvoll, klar und zuverlässig Ihren persönlichen Zauber beim Kartenlegen unterstützen.

Für Einsteiger/innen

Wenn Sie eine Einführung in die Grundlagen des Tarot, einschließlich wichtiger Deutungs-Standards, wünschen, beginnen Sie auf *Seite 15!*
Falls Sie als Einsteiger/in direkt starten wollen, lesen Sie Seite 27 bis 30, wählen eins der Legemuster aus (ab Seite 60) – und fangen sofort an.

Für Fortgeschrittene

Für Fortgeschrittene empfiehlt sich besonders der Einstieg ab *Seite 33* (mit Themenkarten wie Streßkarte, Glückskarte, »Das Unbekannte«, »Pfortenkarten« usw.). Außerdem warten vielseitige Legemuster auf Sie, ab *Seite 60.*

Für Eingeweihte

Für Eingeweihte werden insbesondere die Techniken der Deutungskunst (ab *Seite 36*) interessant sein, die Praxistips zu »Tarot & Astrologie« *(Seite 173)* sowie die bewährten, vielfach aber erst in kleineren Kreisen bekannten Legemuster, ab *Seite 60.*

Millionen Menschen ziehen regelmäßig eine *Tageskarte*. Und noch mehr haben bereits Erfahrungen mit einzelnen Tarot-Auslagen gesammelt. Worin liegt der Reiz des Tarot-Kartenlegens, und was macht Tarot für so viele Menschen wichtig und attraktiv?

Arbeit mit dem »Zufall«

Das Tarot-Kartenlegen vereinigt die »Arbeit mit dem Zufall« und die Auswertung alter Bilder und Archetypen mit persönlicher Betroffenheit und persönlichen Interessen.

Tarot zu legen, ist wie ein Traum oder wie ein Film, in dem wir selber mitspielen. Es ist wie ein Rätsel oder wie ein Kunstwerk, in dem wir selber vorkommen. Ein Erlebnis wie beim »Magischen Auge« (diesen dreidimensionalen Tiefenbildern), wobei es hier zugleich um die persönliche Magie geht.

Praktisch gesehen, bedeutet sich Tarot-Karten zu legen – sich selbst zu begegnen. Wegen dieses Moments der Selbstbegegnung ist zum Beispiel die Tageskarte so beliebt. Selbstbesinnung, Standortbestimmung und neue Ausrichtung werden damit täglich geübt.

Übungen zur Tageskarte ab Seite 60

Die Tageskarte ist wie eine tägliche Verabredung mit sich selbst.

Tarot-Kartenlegen stellt eine Liebeserklärung dar – eine Liebeserklärung nicht zuletzt an die eigene Person. Und wie die Karte »Die Liebenden«, so bietet Tarot insgesamt die Chance, sich mit sich selber auseinanderzusetzen sowie sich selbst einmal aus einer Distanz und von einer höheren Warte aus zu betrachten.

In den meisten Fällen wirkt schon allein diese Zuwendung zum eigenen Befinden heilsam. Wünsche und Ängste, Sorgen und Jubel können sich hier ausdrücken. Erfahrungen, die wir nur schwer in Worte kleiden können, werden anhand der Tarot-Karten bildhaft und deutlich. Was wir auf dem Herzen haben, bekommt gleichsam ein Sprachrohr. Und was wir im Kopf haben, erscheint uns in den Tarot-Karten wie auf einem Bildschirm.

Tarot – Sprachrohr und Bildschirm

Natürlich entfaltet sich dieser Zauber des Tarot am besten, wenn man kontinuierlich mit ihm lebt. Für die Traumdeutung zum Beispiel sind *Traumserien* interessanter als Einzelträume. Für die Tarot-Deutung gilt das gleiche. Die Tageskarten stellen eine persönliche Kontinuität her.

Kontinuierliche Tarot-Praxis: Am eigenen Thema »dranbleiben«

Für Anfänger/innen empfiehlt sich die Tageskarte ohnehin. Sie bietet den besten und praktischsten Einstieg ins Tarot. – Für Fortgeschrittene entfaltet aber die Tageskarte erst ihre ganze Bedeutung. Wenn gewisse Grundlagen vertraut und die meisten Karten schon bekannt sind, werden beim regelmäßigen Gebrauch am Tarot persönliche Muster und Zusammenhänge ablesbar. – Eingeweihte des Tarot nutzen daher die gewohnte Tageskarte u. a., um Blinde Flecken, persönliche Widerstände, aber auch neuartige Chancen und unerwartete »Direktionen« (persönliche Bestimmungen und Aufgaben) zu erkennen.

Vorteile der Tageskarte

Je mehr *Vorschriften* zur Tarot-Praxis gemacht werden, umso mehr wirkt noch die heute unzeitgemäße *Wahrsagerei* nach. Die berühmt-berüchtigten Fragen – ob man mit links zieht, wie man zu mischen habe, Gebote und Verbote zur Art der Frage, angebliche Gültigkeitsfristen einer Auslegung usw. – sind heute Gott sei Dank überholt.

Überholte Vorschriften

Selbst solche Spiele mit dem Tarot, wie: eine *Persönlichkeitskarte* ziehen oder errechnen, verlieren allmählich an Interesse. In diesem Buch werden auch diese Anwendungen des Tarot vorgestellt. Allein

Zauber der Symbole – Zauber der Person

schon aus Gründen der Vollständigkeit. – Doch was ist das Ziehen oder das Errechnen einer Persönlichkeitskarte im Vergleich zur Entdeckung und Entfaltung der Persönlichkeit? Im Vergleich etwa zur Aufarbeitung persönlicher Wünsche und Ängste – auf daß sinnvolle Wünsche erfüllt und sinnlose Ängste beseitigt werden?

Tarot ist eine Symbolsprache. Der Zauber der Symbole ist dabei ein Spiegel für den Zauber eines jeden Menschen – für den Zauber, der in jeder/m von uns steckt und der wirksam wird, sobald wir uns selbst und unseren Platz zwischen Himmel und Erde erfahren.

Was in diesem Buch fehlt: der Würfel

Was man in diesem Buch nicht finden wird, sind Legemuster, die danach schauen, wie viele »gute« und wie viele »schlechte« Karten in einer Auslage enthalten sind. Auch den »Ratschlag«, man solle eine Auslage danach bewerten, ob mehr »*höhere*« Karten (große Karten, auch kleine Arkana mit höherer Numerierung) auf der Pro- oder Contra-Seite eines Legemusters erscheinen, wird man hier vergebens suchen. Denn wer auf solche Art seine Entscheidungen trifft, braucht gar kein Tarot; ein Würfel reicht da völlig aus.

Tarot – Spiegel einer größeren Wirklichkeit

Tarot lebt statt dessen von der Begegnung mit bestimmten Erfahrungen, Inhalten und Bedeutungen. Wenn wir uns auf diese Begegnung einlassen, öffnen uns die Karten die Augen. Sie ermöglichen es uns, immer mehr Seiten der vielgestaltigen und unendlichen Wirklichkeit zu erfassen. Tatsächlich sind die Tarot-Karten nicht nur ein Spiegel der eigenen Person, sondern auch all der anderen unzähligen Ebenen und Facetten der Wirklichkeit.

Das Tarot-Kartenlegen wird, so verstanden und praktiziert, zum Training und zur Probe aufs Exempel, um mit all den vielen Aspekten der Wirklichkeit eins zu werden.

2. Grundlagen

Zum Start

Blättern Sie in den Tarot-Karten. Schauen Sie sich die Bilder an. Greifen Sie einzelne Karten heraus, die Sie besonders ansprechen.

Nur für Einsteiger/innen

Wenn Sie dazu Lust verspüren, ziehen Sie Ihre erste Tageskarte: Mischen Sie, wie Sie es gewohnt sind bzw. wie es Ihnen gefällt. Halten Sie die Bilder verdeckt, d.h. nach unten gerichtet, und ziehen Sie dann, mit einer gewissen Entspannung und Konzentration, *eine* Karte. (Es gibt keine Vorschriften, *wie* Sie mischen, und auch nicht, wie Sie ziehen sollen.) – Die *Tageskarte* ist mit keiner speziellen Fragestellung verbunden. Sie stellt ein *Tagesthema* für Sie dar. Eine Station des Tarot wird damit wie durch ein Vergrößerungsglas für den betreffenden Tag besonders hervorgehoben.

Aufbau des Tarot-Spiels

Wenn Sie sich in der Bilderwelt des Tarot orientieren, werden Sie feststellen, daß es Karten mit und ohne Untertitel gibt und daß fünf Gruppen von Karten existieren. Vier von diesen Gruppen erkennen Sie daran, daß in ihnen jeweils ein Symbol wiederkehrt. Es handelt sich dabei um die Karten mit Stäben, Kelchen, Schwertern und Münzen (im Crowley-Tarot heißen die Münzen »Scheiben«). Die Stäbe, Kelche usw. bilden jeweils eine »Farbreihe«. Damit ist nicht eine bestimmte Farbigkeit der zugehörigen Bilder gemeint, sondern ein Satz Karten mit demselben Symbol, wie Sie es aus dem Skat-Spiel von Herz, Kreuz, Pik und Karo kennen.

So erkennen Sie die »großen« Arkana

Die vier Farbreihen machen 56 Karten aus. Diese 56 zusammen werden die *kleinen Arkana* genannt

(Arkanum = Geheimnis, Arkana ist die Mehrzahl). Die fünfte Gruppe, die nun noch übrigbleibt, sind die 22 *großen Arkana*, die »großen Geheimnisse« oder die großen Stationen des Tarot. Diese 22 »Großen Karten« erkennen Sie im Waite-Tarot daran, daß nur bei diesen am Kopf eine Zahl *und* am Fuß ein Untertitel angegeben sind. Im Crowley-Tarot sind sie durch das in großer, blasser Schrift gedrucktes Wort »Trümpfe« gekennzeichnet, in den meisten Varianten des Marseiller Tarot dadurch, daß nur sie am Kopf eine Zahl tragen.

Die Karten Ihres Tierkreiszeichens Schlagen Sie in der Tabelle auf S. 184/185 nach, welche Tarot-Karten zu Ihrem Tierkreiszeichen gehören. Schauen Sie sich diese Karten oder einzelne davon in Ruhe an.

Der »rote Faden« des Tarot-Kartenlegens Vielleicht nutzen Sie die Gelegenheit auch sogleich dazu, sich etwas Klarheit darüber zu verschaffen, welche *Wünsche* Ihnen am Herzen liegen, wenn Sie sich für das Tarot-Kartenlegen interessieren. Damit nehmen Sie von vornherein den »roten Faden« auf, der Sie durch das selbständige Legen und Deuten des Tarot führen wird.

Magie des Augen-Blicks

Tarot ist mit den dreidimensionalen Bildern des »Magischen Auges« zu vergleichen. Nur mit dem Unterschied, daß die Bilder hier einen Spiegel darstellen, so daß *Sie* auch selbst darin vorkommen.

Maßgeblich ist, was *Sie* in der jeweiligen Karte sehen. Lassen Sie sie auf sich einwirken. Nutzen Sie die Deutungen und Interpretationen aus der Literatur. Doch es geht um *Ihre* Wahrnehmung und Entscheidung.

Gibt es »gute« und »schlechte« Karten?
- Alle 78 Karten sind untereinander »gleichberechtigt« und gleichwertig. Es gibt keine an-sich-guten oder an-sich-schlechten Karten.

- Jede Bildgestalt – ob Mann oder Frau, Kind oder Erwachsene/r, Mensch, Tier, Ding, Form, Farbe u. a. m. – kann Sie und/oder einen bestimmten Teil von Ihnen darstellen.
- Achten Sie darauf, aus welcher Perspektive Sie das betreffende Bild wahrnehmen. Identifizieren Sie sich mit der Bildfigur? Wenn mehrere Gestalten im Bild enthalten sind, finden Sie sich dann in allen wieder, oder wo sehen Sie Ihren Anteil? Jede Karte kann aber auch für Menschen, Dinge oder Vorgänge in Ihrer Umgebung stehen. Bestimmen Sie also Ihr Verhältnis zu den einzelnen Bild- und Symbolgestalten.

  Wie sehen Sie das Bild?

- *Jede* Karte besitzt »positive« und »negative« Bedeutungen. Entscheidend ist, was Sie *erleben* und empfinden in dem Moment, wenn Sie ein Bild aufdecken. Im Wechselspiel zwischen Bild und Betrachter/in konkretisiert sich die persönliche und aktuelle Bedeutung einer Karte.
- Für die selbständige Deutung des Tarot ist es von daher außerordentlich hilfreich, wenn Sie Ihre volle Aufmerksamkeit auf jede einzelne Karte, die aufgedeckt wird, richten; und wenn Sie gleichzeitig *Ihre eigenen Reaktionen* und Gefühle dabei beobachten. Wenn Sie voll bei der Sache, das heißt bei der jeweils vorliegenden Karte, sind und zur gleichen Zeit vor Ihrem geistigen Auge Ihr eigenes Verhalten beobachten, besitzen Sie einen direkten, spannenden und wirkungsvollen Zugang sowohl zu den Karten wie auch zu Ihrer Selbsterfahrung. Umso deutlicher erleben Sie die »Magie des Augen-Blicks«.

  Was löst die Karte in Ihnen aus?

- Jede Karte spricht für sich und bei jeder neuen Betrachtung möglicherweise auf eine andere Art. Lassen Sie sich auf ihre Botschaft ein.
- Nehmen Sie selbst die Karten in die Hand. Entspannen Sie sich. Atmen Sie tief. Konzentrieren Sie sich auf Ihre innere Fragestellung.

Kleines Tarot-ABC

Auf den je 78 Spielkarten sind die 22 Stationen der »Großen Reise« und die je 14 Stationen der vier Farbreihen der »Kleinen Reisen« dargestellt. Man spricht auch von den 22 »Großen« und den 56 »Kleinen« Karten oder Arkana.

Arkana – Plural von Arkanum

Arkanum – Lat.: Geheimnis

divinatorisch – (Wörtlich: »das Göttliche verkündend«, »heiligend«; tatsächlicher Gebrauch in der Tarot-Literatur zumeist im Sinne von:) Weissagend, wahrsagerisch

esoterisch – Es gibt viele Definitionen von Esoterik; vom Wort her bedeutet es: von innen heraus, nach innen gerichtet; auch: verborgen, geheim, nur wenigen zugänglich

Hofkarten – Königin, König, Ritter und Page (auch Bube oder Prinzessin genannt). Im Crowley-Tarot: Königin, Prinz, Ritter, Prinzessin

Kabbala – Die »Überlieferung«; altjüd. Geheimlehre, in der u.a. das Modell des »Lebensbaums« sowie die Zahlen- und Buchstabenmystik von Bedeutung sind; existiert in zahlreichen Auslegungsvarianten

Kartomantie – Wahrsagen mit Karten

Mystik – Die »direkte Verbindung zur letzten Wirklichkeit«, unmittelbare und ganzheitliche Gottes- oder Welterfahrung

Mythos – Sage, Legende, Urbild, (kollektive) Frühgeschichte oder Urerfahrung

Mythologie – Die Lehre von den Mythen; speziell auch: frühgeschichtliche Götterlehre

Pagat – Altertümliche Bezeichnung für die Karte I- Der Magier

Pentakel – Soviel wie Talisman; auch: Bezeichnung für die »Münzen« im Tarot

Pentagramm – Der fünfzackige Stern auf den »Münzen«; besitzt eine umfangreiche Bedeutungsgeschichte (u. a. in der Magie und der Renaissance-Symbolik); bedeutet u. a. die »Quintessenz« der vier Elemente, außerdem eine Chiffre, ein kurzgefaßtes Zeichen für den Menschen, die fünf Zacken entsprechen dann dem Kopf, den Händen und den Füßen.

Tarock, Tarok – Bezeichnung für Tarot

Zahlenkarten – Der bezifferte Teil der »Kleinen Karten«, die »Kleinen Karten« von 1 (=As) bis 10

Deutungs-Standards

In erster Linie und letzter Konsequenz steht jede Karte für sich. Wichtiger als Numerierung und Betitelung einer Karte sind Bildgestaltung und -symbolik.

Keine Deutungsschubladen

Die *22 Großen Karten* halten aktuelle Botschaften bereit – und stellen zusätzlich individuelle und kollektive *Leitbilder* (Urbilder, Archetypen, »Grundwerte«) dar. Es gibt mehrere Systeme, um diese 22 Großen Arkana zu ordnen (vgl. S. 51).

Archetypen

Für die Interpretationen der *56 Kleinen Karten* stehen uns die *vier Elemente* zur Verfügung, die im allgemeinen etwa folgendermaßen den vier Farbreihen *Stäbe, Kelche, Schwerter und Münzen/Scheiben* zugeordnet werden:

Die vier Elemente

Stäbe vertreten das Element Feuer. Sie stehen für Wille, Lebensenergie, Daseinsfreude und Selbstbehauptung, für Kreativität, Schaffenskraft und Wachstum. Die Welt der Stäbe ist die Welt der Entschlüsse und Taten, des Engagements, der Verwirklichung

Feuer

und der Macht. Stäbe handeln von Unternehmungen und Auftritten, von Identität, Selbstvertrauen, Intuition, Begeisterung und Erfolg. Zu den Stäben und dem Element Feuer gehören die Tierkreiszeichen Widder, Löwe und Schütze.

Wasser *Kelche* vertreten das Element Wasser, Kelche, auch Pokale genannt, stehen für die Seele, das Innenleben und das Unbewußte. Ihre Welt ist die Welt der Gefühle, Stimmungen und Ahnungen, der inneren Stimme und der spirituellen Erfahrung. Sie handeln von innerer Wahrnehmung und innerem Wissen, von Sinn und Bedeutung, von Freude, Trauer, Leere und Erfüllung. Zu den Kelchen und dem Element Wasser gehören die Tierkreiszeichen Krebs, Skorpion und Fische.

Luft *Schwerter* vertreten das Element Luft. Sie stehen für Geist, geistige Energie, für Bewußtheit, Wissen und Intellekt. Die Welt der Schwerter ist die Welt der Erkenntnisse und Entscheidungen, der Einfälle und Beurteilungen. Schwerter handeln von Gedanken und Vorstellungen, von der bewußten und ausdrücklichen Wahrnehmung der Welt und des Selbst, von Originalität, Freiheit, Lernprozessen und Klarheit. Zu den Schwertern und dem Element Luft gehören die Tierkreiszeichen Waage, Wassermann und Zwillinge.

Erde *Münzen/Scheiben* vertreten das Element Erde. Münzen, auch Pentakel oder Scheiben genannt, stehen für den Körper, körperliches Erleben, praktische Fähigkeiten und angewandte Talente, für die konkrete materielle Lebensgestaltung und die Einrichtung der Umgebung. Die Welt der Münzen ist die Welt der Ergebnisse, Fakten und Produkte, der körperlichen Wahrnehmungen und Empfindungen. Münzen handeln von Arbeit, Natur und Gemeinwesen, von Erdverbundenheit, Selbstbewußtsein und Sicherheit. Zu den Münzen/Scheiben und dem Element Erde gehören die Tierkreiszeichen Steinbock, Stier und Jungfrau.

Die Kleinen Arkana im Überblick

Die Kenntnis der Bedeutung der vier Elemente reicht zwar nicht aus, um den Inhalt der 56 Kleinen Arkana zu erfassen, aber sie eröffnet einen guten Zugang. In der Zuordnung und Beschreibung der vier Elemente sind sich übrigens die meisten Tarot-Autor(inn)en einig.

Zusätzlich wollen wir hier unsere *Vorschläge* zur Bedeutung der *Hofkarten* und der *Zahlenkarten* kurz darlegen. Wenn Sie die folgenden Beschreibungen der einzelnen Stationen innerhalb der Kleinen Arkana mit den obigen Interpretationen der vier Elemente zusammennehmen, verfügen Sie bereits über ein *Raster*, mit dessen Hilfe Sie Ihre persönliche Interpretation anregen und ergänzen können.

Bedeutungon der Hofkarten

Alle Hofkarten vertreten das ganze Potential des betreffenden Elements. Sie stellen entwickelte Persönlichkeiten dar und unterscheiden sich durch ihre Charakterzüge.

Königin: innovativ, spontan, beginnend

König/Prinz: gründlich, fest, festigend

Ritter: konsequenzenziehend, schlußfolgernd, verändernd

Page/Bube/Prinzessin: spielerisch, erprobend.

Zur Frage, wie die Hofkarten im Crowley-Tarot den Hofkarten aus den übrigen Tarot-Sorten zugeordnet werden, siehe S. 177 f.

Die Stationen der Zahlenkarten

1 (As) Ursprung und Wurzel; zugleich Ziel und Krone: die eigentümliche Kraft des betreffenden Elements. Fluch und Segen.

2 Festigung oder Aufbrechen der Kraft des Elements. Unterscheidung, Entzweiung, Entwirrung. Gegensatz und Ergänzung.

3 Eine »runde Sache« oder der Kern einer Angelegenheit: Grundproblem oder Ganzheit (Synthese) im Sinne des entsprechenden Elements.

4 Stabilisierung, Organisierung und Vervollständigung. (Neue) Herausforderung und Bestätigungen.

5 Die persönliche Quintessenz für das entsprechende Element. Vielseitigkeit und Konzentration.

6 Entscheidung, Konsolidierung, Veränderung. Ein Ganzes aus der Aufhebung von Widersprüchen. Ein Ganzes als Ausdruck komplexer Gegensätze. Freude oder Gefahr.

7 »Sieben«: Prüfen, sortieren, verfeinern: schauen, was im Sieb bleibt, und was nicht. Kritische Phase, Rätsel, Vieldeutigkeit, Verwandlung, Vollendung – im Sinne des betreffenden Elements.

8 Auseinandersetzung oder Harmonie von Stärken und Schwächen. (Wechselseitige) Blockade, Balance oder Unterstützung von unterschiedlichen Eigenschaften des entsprechenden Elements.

9 Ausreifung, Musterung, Gewahrwerden. Eigene Erkenntnis, persönliche Autonomie im Umgang mit den Kräften des entsprechenden Elements wird gesucht und gefunden.

10 Erfüllung, Ziel, Ausgangspunkt. Viele »Aufgaben«: Das betreffende Element gibt die Kraft, vieles loszulassen sowie vieles zu ernten.

Wohlgemerkt, hier geht es um eine zusammenfassende Beschreibung der einzelnen Stationen innerhalb der Zahlenkarten. Die *Zahlen* selber besitzen *keine* inhaltliche Bedeutung.

Zahlen – ohne bestimmte Inhalte

Interessant und hilfreich für das selbständige Deuten ist im weiteren auch die Farbsymbolik, für die etwa folgende Standards festgehalten werden können:

Zur Symbolik der Farben

Weiß – Anfangszustand (wie ein unbeschriebenes Blatt) oder Vollendung und Heilung; Blendung durch den Geist (Animus) oder geistiges Neuland.

Die Farben und ihre häufigsten Bedeutungen

Grau – Unbewußter Zustand oder bewußte Gleichgültigkeit, d.h. Gleichwertigkeit oder Vorurteilslosigkeit.

Schwarz – Das Unbekannte, das Innere der Erde oder eines Sachverhaltes, »black box«, schwarzer Schatten (Anima), Seelenfinsternis oder seelisches Neuland.

Rot – Herz, Gemüt, Wille, Lebenskraft.

Gelb – Sonne, Bewußtsein, Lebensfreude; Neid, geistige Dissonanz.

Blau – (offener) Himmel/Luftraum und (klares) Wasser; Spiritualität.

Grün – Frisch, jung, verheißungsvoll, unerfahren, unreif.

Braun – natur- und erdverbunden, bodenständig, geerdet, vegetativ.

Violett – Grenzerfahrung; Mischung von Blau und Rot.

3. Persönlichkeits- & Jahreskarten

Persönlichkeits-karten

Aus dem Geburtsdatum wird die Quersumme gezogen, die dazugehörige Große Karte ist die *Persönlichkeitskarte*. Z. B. 7.7.1966 ergibt 7+7+1+9 +6+6=36.

Liegt diese Summe bei einer Zahl zwischen 1 und 21, so ist die Große Karte aus Ihrem Spiel, die die gleiche Zahl trägt, die zugehörige Persönlichkeitskarte. Beträgt die Quersumme z. B. =19, so ergibt sich die Persönlichkeitskarte XIX-Die Sonne.

Beträgt die Quersumme 22, so gilt die 22. Große Karte – das ist »Der Narr« – als betreffende Persönlichkeitskarte.

Liegt die Quersumme, aber wie im obigen Beispiel, bei 22 und höher, so müssen Sie aus der errechneten Quersumme noch einmal die Quersumme ziehen. Z. B. ergibt 36 dann als weitere Quersumme 3+6=9; die Große Karte mit der gleichen Ziffer ist nun die zugehörige Persönlichkeitskarte (in diesem Beispiel IX-Der Eremit).

Verschiedene andere Arten, eine Persönlichkeitskarte zu ermitteln, finden Sie auf S. 88.

»Wesenskarte«

Als eines der unzähligen »Spiele im Spiel« ist der Vorschlag zu betrachten, der u. a. von Gerd Ziegler vorgetragen wurde: Aus der Persönlichkeitskarte wird die Quersumme gezogen, und das Ergebnis ist die *Wesenskarte*.

Das heißt: Ergibt sich eine Persönlichkeitskarte mit einer Ziffer zwischen 1 und 9, so ist die Persönlichkeitskarte schon *identisch* mit der Wesenskarte, weil aus diesen Ziffern keine weitere Quersumme gezogen werden kann. Trägt aber die errechnete Persönlichkeitskarte eine Ziffer zwischen 10 und 22, dann läßt sich daraus als Quersumme diese Wesenskarte errechnen.

Bei der Art der Berechnung gibt es mehrere Varianten. Manche Autor(inn)en schlagen vor, die Persönlichkeitszahl über eine Zwischensumme auszurechnen. Im oben genannten Beispiel wäre dies: 7.7.1966 ergibt 7+7+1966=1980; das wiederum ergibt 1+9+8+0=18; »XVIII-Der Mond« wäre demnach die Persönlichkeitskarte, während nach der oben vorgestellten Methode sich IX-Der Eremit als Persönlichkeitskarte ergab.

Varianten

Welches Berechnungsverfahren ist nun das richtige? Man kann für das erste argumentieren mit dem Hinweis, daß bei Quersummen jede *einzelne* Ziffer addiert wird. Außerdem: Wenn man immer weiter Quersummen bildet, muß jede Berechnungsweise zum selben Ergebnis führen, so wie in beiden genannten Varianten sich schließlich die 9 ergibt. Dennoch: Verschiedene Verfahren werden in der Literatur vorgestellt, und sicher ist es besser, diese Varianten zu kennen und zu berücksichtigen, als sich auf nur ein Vorgehen zu versteifen.

Das gilt auch für die mitunter heiß diskutierte Frage, ob denn nun bei der Berechnung dieser Karten die Jahreszahl *mit oder ohne* »19..« geschrieben werden dürfe. Manche Tarot-Spieler/innen bevorzugen einfach die Jahresangabe ohne die Notierung der »19..«, so daß sich in der Addition andere Zahlen ergeben.

Mit oder ohne »19..«?

Unsere Empfehlungen lauten: Die Quersumme ohne Zwischensumme berechnen, direkt alle Einzelziffern addieren, denn dies ist die allgemein übliche Form der Quersummenbildung.

Praxistip

Bei der Frage, ob mit oder ohne »19...«, so verfahren, wie man im Normalfall einen Brief datieren würde.

Spielerische Freiheit Grundsätzlich sollten wir uns daran erinnern, daß solche Rechenspiele eine anregende und inspirierende Funktion besitzen und behalten sollten. Schließlich können Persönlichkeits- und Wesenskarten auch gezogen oder ausgewählt werden. Das gilt auch für die im folgenden angesprochenen Jahreskarten.

Jahreskarte und Wachstumskarte Eine *Jahreskarte*, die manchmal auch *Wachstumskarte* genannt wird, ergibt sich, wenn wir statt des Geburtsjahres das jeweils betreffende Jahr einsetzen. Z. B. 7.7.1999 ergibt 7+7+1+9+9+9+=42; 4+2=6; VI-Die Liebenden ist die betreffende Jahreskarte für 1999, für alle Personen, die am 7.7. Geburtstag feiern.

Eine Jahreskarte für alle Darüber hinaus gibt es eine für *alle* gültige Jahreskarte, die schlichtweg aus der Jahreszahl errechnet wird: 1999 rechnet sich 1+9+9+9=28; 2+8=10; X-Rad des Schicksals/Glück ist die allgemeine Jahreskarte für 1999.

Legemuster für Jahreskarten finden Sie auf S. 142 ff.

4. Großen Auslagen

Benutzen Sie alle 78 Karten eines Tarot-Spiels. Die gelegentliche anzutreffende Sitte, nur 22 Karten zu verwenden, stammt aus der Zeit von vor 1910, als für nur 22 Karten (die Großen Arkana) Bilder existierten. Heute ist die generelle Beschränkung nicht mehr sinnvoll. **Mehr daraus machen**

- Überlegen Sie sich Ihre Frage, die Sie nun an die Tarot-Karten richten möchten. Für die Art der Frage gibt es keine zwingenden Ge- und Verbote.
- Wichtig ist zu wissen: Die Karten wirken wie ein Spiegel. Sie können Fragen über zweite oder dritte Personen stellen. Die Antwort der Karten schließt dabei stets Ihr Verständnis und Ihr Verhältnis zu diesen Personen mit ein. Wenn Sie Fragen über andere Personen stellen, sind dennoch auch Sie selbst mit im Spiel.
- Mischen Sie die Karten, wie Sie es gewohnt sind. Alle verpflichtenden *Vorschriften* (Kartenziehen mit links; Mischen durch Rühren auf dem Tisch; Auffächerung der Karten im Halbkreis oder im Kreis usw.) sind Humbug. Nichts gegen ein persönliches Ritual. Aber in diesen Fragen keine verpflichtenden Vorschriften. »Wir dürfen nicht vergessen«, bemerkte Rachel Pollack ganz treffend, »daß die eigentliche Magie in den Bildern selbst liegt und nicht in den Erklärungen« – und auch nicht, so fügen wir hinzu, in den äußeren Formen des Kartenlegens. **Zum praktischen Vorgehen**

Der oder die eine braucht Kerze und Räucherstäbchen, um in der richtigen Stimmung die Karten zu betrachten. Der oder die andere ist genauso gut bedient, wenn er oder sie morgens beim Frühstück oder im Bus oder im Auto auf dem Weg zur Arbeit sich die Tageskarte zieht.

Selber legen
- Für das selbständige Tarot-Kartenlegen ist es üblich und typisch, daß der Frager oder die Fragerin die Karten selber mischt, selber auslegt, selber beschreibt und deutet. Wer die Frage stellt, sollte die Karten auch selber bewegen und bei der Deutung das erste und das letzte Wort haben. Andere anwesende Personen bei einer Auslage sind zum Gespräch und zur Begleitung dabei – zur Unterstützung und, wenn es sein muß, auch einmal zur Kritik.
- Legen Sie nach einem Legemuster aus, das Sie zuvor ausgewählt haben. Sie können dazu Legemuster aus den Tarot-Büchern benutzen, aber auch eigene entwerfen (vor einer Kartenbefragung).
- Ziehen Sie die Karten, wie Sie es gewohnt sind. Legen Sie sie verdeckt in Form des Legemusters vor sich hin.
- Die Karten werden dann (im Normalfall) *einzeln* aufgedeckt. Erst wenn die Betrachtung und Interpretation einer Karte beendet ist, soll die nächste aufgedeckt werden.
- Alles, was während einer Kartenbefragung *geschieht*, kann zum Inhalt der gesuchten Antwort gehören.
- Alle Karten einer Auslage *zusammen* geben die Antwort auf Ihre Frage.

Zur Art der Frage

Was Ihnen am Herzen liegt
Alle Fragen, die Ihnen wichtig erscheinen, die Sie zum Beispiel in Ihr Tagebuch schreiben würden, können Sie mittels der Tarot-Karten klären. Halten Sie sich an das, was Ihnen auf dem Herzen liegt und was Sie bewegt.
- Aus der traditionellen Wahrsagerei stammt die Regel, man dürfe nicht für sich selbst oder für nahe Angehörige die Karten legen. Diese Regel ist beim selbständigen Tarot-Gebrauch ohnehin hinfällig.

Denn für uns selber tun wir es ja gerade, und für andere – gleich, ob nahe Angehörige oder weite Bekannte – könnten wir es gar nicht. Diesen können wir »nur« zeigen und erklären, wie sie es selber machen können.

Wir können nicht für, sondern nur mit anderen Tarot legen

Wir können *nicht für*, aber *mit* anderen träumen, in den Spiegel schauen – und Tarot legen.

- Dann liest man des öfteren, es dürften keine Ja- und Nein-Fragen an das Tarot gerichtet werden. Warum denn nicht? *Wenn* Ihnen eine Ja- oder Nein-Frage am Herzen liegt, dann ist es vollkommen in Ordnung, wenn Sie diese Frage an die Karten stellen. Denn gerade für das, was für Sie innerlich von Bedeutung ist, sind die Tarot-Karten gut. Der Ausgang der Befragung ist selbstverständlich vorab offen. Sie können, je nachdem, in den Karten eine bestimmte Richtung erkennen, oder Sie erfahren die *Zusammenhänge*, die mit Ihrem »Ja oder Nein« einhergehen.

Ja-/Nein-Fragen

- Die Karten wirken wie ein Spiegel, und daher soll der oder die Fragesteller/in, wie zuvor erwähnt, die Karten selber ziehen und deuten. – Wenn Sie mit mehreren Personen ein Tarot legen, so kann der oder die Fragende die eigene Frage den anderen mitteilen oder auch für sich behalten. Beides hat seinen Vorteil: Ist die Frage bekannt, so kann man sich bei der Deutung der Bilder auf die Frage beziehen. Bleibt die Frage anonym, so bringt dies den Vorteil – besonders bei Leuten, die sich ohnehin schon gut kennen –, daß man, statt eines bloßen Meinungsaustausches, stärker dazu angehalten wird, die Bilder und Symbole auf neue Antworten hin zu untersuchen.

Offen für neue Antworten

- Die Antwort auf Ihre gestellte Frage gibt jedesmal die Auslage insgesamt, nicht eine einzelne Karte aus dieser Auslage. In der Schlußbetrachtung, können Sie für jede Auslage auch die *Quersumme* der ausgelegten Karten berechnen. Dabei werden die Ziffern aller aufgedeckten Karten addiert (Hofkarten, wie Königin, Ritter usw., und »Der Narr« zäh-

Quersumme oder Quintessenz

len 0, und Asse zählen 1). Mit der errechneten Quersumme verfahren Sie so, wie es für die Persönlichkeitskarte auf S. 26 beschrieben wurde. Die Große Karte, deren Ziffer der errechneten Quersumme entspricht, ist die *Quersummenkarte* oder »Quintessenz«.

Bedeutung der Quersummenkarte
Die Bedeutung der Quersummenkarte: Die Auslage selber ist und bleibt vollständig; durch die Quersummenkarte kommt *nichts Neues* hinzu. Die Quersummenkarte stellt eine mögliche Zusammenfassung der Auslage dar, wie eine Überschrift, manchmal aber auch wie eine Kontrollkarte zur Gegenprobe.

Wichtige Fragen rund um's Kartenlegen

Umgekehrte Lage der Karten
Die schematische Gegenüberstellung von aufrechter und *umgekehrter Lage* der Karten ist heute überflüssig geworden. Im Unterschied zur Wahrsagerei und zur älteren Esoterik gehen wir heute davon aus, daß *jede* Karte positive *und* negative Deutungen besitzt. Mehr noch: Bevor die Bedeutungen einer Karte festgestellt werden, bietet *jedes Bild* und *jedes Symbol* ein ganzes Spektrum unterschiedlicher Wahrnehmungs- und Auffassungsmöglichkeiten.

Von einigen Sonderfällen abgesehen, empfiehlt es sich, die Karte so zu wenden oder den eigenen Betrachterstandpunkt so zu wählen, daß wir das Bild aufrecht sehen, gleichgültig, in welcher Lage es beim Aufdecken erscheint.

Die *Antwort* auf Ihre gestellte Frage gibt jedesmal die Auslage insgesamt, nicht eine einzelne Karte, auch zwenn diese vielleicht für die Position »Ergebnis der Bemühungen«, »Resümee« usw. stehen mag.

Wie kann man es üben, diesen *Überblick* über eine gesamte Auslage von vielleicht 7, 10 oder 13 Karte zu gewinnen? Für viele Tarot-Spieler/innen ist diese

Frage kein Thema; ob eine Karte oder mehrere Karten im Zusammenhang, jedesmal fällt ihnen (mindestens) eine Geschichte dazu ein.

Große Auslagen: »Wie finde ich den Zusammenhang?«

Für viele andere Tarot-Spieler/innen macht es jedoch einen Unterschied, ob eine einzelne Karte zu deuten ist oder eine größere, komplexe Auslage. Wenn Sie zu dieser Gruppe von Tarot-Spieler/innen gehören, berücksichtigen Sie, daß *alles*, was beim Tarot-Kartenlegen geschieht, einen *Spiegel* darstellt. Wenn es jemandem eher schwerfällt, *Zusammenhänge* festzustellen und zu interpretieren, so ist es in aller Regel kein Spezialproblem beim Tarot-Kartenlegen. Der Spiegel macht vielmehr nur eine *Gewohnheit* deutlich, die sonst auch im Alltag besteht. Suchen und finden Sie also Zusammenhänge in Ihrem Leben!

Zur Verbesserung des persönlichen Blicks für Zusammenhänge trägt Kartenlegen schon dadurch bei, daß Sie ihn mit jeder Auslage trainieren. Darüber hinaus helfen hier die Quersummenkarte am Schluß einer Auslage (s.o., S. 31/2) sowie eine persönliche Auseinandersetzung mit der Karte X-Rad des Schicksals/Glück, die das Thema »Zusammenhang« u.a. zum Inhalt hat.

Zeitliche Gültigkeit

Für die *zeitliche Gültigkeit* einer Auslage lassen sich keine allgemeinen Regeln aufstellen. Es gibt Themen, die sind mit der formulierten Frage und der Antwort, die das Tarot darauf gibt, bereits erledigt. Andere Fragestellungen können uns monate- und jahrelang beschäftigen. Und es gibt Lebensthemen, z.B. Lebensaufgaben oder Lebensträume, die uns, wenn auch in Varianten und Wandlungen, ein Leben lang begleiten.

Wenn in der Literatur also gelegentlich zu lesen ist, eine Tarot-Befragung habe eine Gültigkeitsdauer von z.B. 4–6 Wochen oder erstrecke sich auf einen »Nahzeitraum von 3 Monaten«, dann ist dies so haltlos und unbegründet, wie viele andere Anschauungen auch, die der traditionellen Wahrsagerei entstammen.

5. Themenkarten

Es folgen nun mehrere Karten zu Themen, bei denen es sinnvoll ist, eine Karte *auszusuchen*. Zweck der Übung ist es, die eigenen Vorlieben und Abneigungen, Vermutungen und Erwartungen ins Spiel zu bringen.

Beim *Aussuchen* wird der Kartenstapel so gewendet bzw. die Karten so ausgebreitet, daß die Bilder nach oben liegen. Mit derselben Konzentration und Entspannung, die sonst beim Kartenziehen angewandt wird, sollen nun *alle* 78 Karten betrachtet werden und mit Herz und Verstand die zur Zeit zutreffendste Karte zum jeweiligen Thema ausgesucht werden. Auch bei diesem Vorgehen springen uns oft ganz andere Karten ins Auge, als uns vorher vielleicht bewußt war.

Lieblingskarte Welche Karte ist im Moment Ihre *Lieblingskarte*? Was fällt Ihnen an ihr auf? Was mögen Sie an ihr? Und was sagt sie Ihnen?

Eine Lieblingskarte herauszusuchen, macht Spaß. Und zusätzlich hat diese Übung einen tieferen Sinn: Sie achten darauf, welche Wünsche und Interessen im jeweiligen Augenblick im Brennpunkt stehen. Die Ermittlung und Beachtung der persönlichen Wünsche – und Ängste – stellt so etwas wie den *roten Faden* jeder selbständigen Beschäftigung mit dem Tarot dar.

Streßkarte Auch die »*Streßkarte*« wird nicht gezogen, sondern ausgewählt. Auf welche Karten freuen Sie sich am wenigsten? Welche Karte ist momentan Ihre größte Streßkarte? Was fällt Ihnen an dieser auf? Was löst Ihr Unbehagen aus, wenn diese Karte in einer Auslage in positiver oder negativer Deutung erscheint?

Auf den ersten Blick mag es vielleicht nicht angenehm sein, doch es ist nützlich, wie nach der Lieblingskarte so auch nach der Streßkarte zu fragen. Ihre Wünsche *und* Ihre Ängste werden damit angesprochen und in die Beschäftigung mit der Symbolsprache Tarot mit hineingenommen. Etwas Besseres kann Ihnen nicht passieren!

Für jede Streßkarte existiert außerdem eine bestimmte *Glückskarte.* – Setzen Sie sich *erst* mit der Streßkarte auseinander. *Dann* schauen Sie in den Anmerkungen auf S. 193 ff. nach, welche Glückskarte sich als Lohn der Auseinandersetzung auf Ihre Streßkarte folgt!

Zusätzlich ist es in Entscheidungs- und Erkenntnisprozessen sehr wirkungsvoll, eine Karte für die *Lernaufgabe* in der betreffenden Situation auszusuchen. Dabei wird so verfahren, wie oben beschrieben.

Lernaufgabe

Ebenfalls hat es sich bewährt, in Veränderungs- und Wandlungsprozessen eine Karte für das Neue oder für das *Unbekannte* auszuwählen.

Das Unbekannte

Die Frage nach dem Unbekannten erleichtert den Übergang bei einer Neuorientierung. Dabei, wie auch für gewisse Entscheidungssituationen und Übergangsfristen ist es ratsam und nützlich, bewußt eine Karte auszusuchen, die für eine bestimmte Zeit *weggelegt* wird; diese Karte spielt für die bestimmte Zeit nicht mit!

Eine Karte weglegen

Die Karte für das Unbekannte beinhaltet auch schon die Frage nach dem *Blinden Fleck* (dazu mehr auf S. 107 sowie im folgenden).

Blinder Fleck

Als »*Pfortenkarten*« versteht Rachel Pollack in einem ihrer Bücher etwa sieben oder acht einzelne Karten, die nach ihrer Erfahrung sich als Pforte für ein tieferes (Selbst-)Verständnis herausgestellt haben. Genau genommen, müssen dabei jedoch zwei verschiedene Ge-

»Pfortenkarte«

sichtspunkte unterschieden werden: Als Tür oder Schlüssel für tieferes Verständnis und höhere Erkenntnis ist *jede* der 78 Karten geeignet. Eine Einschränkung auf nur wenige Karten ist in diesem Zusammenhang unzulässig.

Auf der anderen Seite stimmt es auch nach unseren Erfahrungen, daß es für jeden Tarot-Spieler und jede Tarot-Spielerin einige wenige Karten gibt, die von besonderer persönlicher Bedeutung sind. Das können fünf, sechs oder zehn Stück sein. Nur verhält es sich so, daß diese bestimmten Karten von besonderer persönlicher Bedeutung *nicht für alle gleich* sind. Jede/r hat jeweils ganz eigene »Pfortenkarten«. Woran lassen sich diese erkennen?

So erkennen Sie Ihre »Pfortenkarten«

Diese persönlichen »Pfortenkarten« kann man nicht aussuchen und auch nicht ziehen. Sie lassen sich nur daran erkennen, wenn man sich selber danach fragt, welche der 78 Karten man auch beim besten Willen und nach bestem Wissen *nur positiv* oder *nur negativ* sehen kann. Diese Karten, bei denen wir wirkliche Schwierigkeiten mit einer *Doppeldeutung* besitzen, weisen sowohl auf den »Blinden Fleck« wie auch die persönlichen »Pforten« hin!

6. Tarot – selber deuten

Die Deutung des Tarot und anderer Symbolsprachen setzt sich grundsätzlich aus zwei *Komponenten* zusammen. *Beide* sind gleich wichtig und müssen zusammenkommen, wenn die Deutung einer Karte stimmen soll (dieses Zusammenkommen bzw. Zusammenfügen ist übrigens auch eine Bedeutung des griechischen Wortes Symbolon). Die eine Komponente läßt sich nicht durch die andere ersetzen. Worin bestehen nun diese beiden Bestandteile der Symboldeutung?

Zwei Bestandteile der Deutung

Der eine Teil besteht in der *persönlichen Komponente*. Der zweite Teil umfaßt die bisherige *Überlieferung* einer Symbolauslegung mit all ihren Varianten.

Was die Überlieferung angeht, so sind wir dabei hauptsächlich darauf angewiesen, die bisherigen Ergebnisse nachzulesen und zu studieren. Für die persönliche Komponente dagegen kommt es auf die Entwicklung der eigenen Gedanken und der persönlichen Erfahrungen mit den Tarot-Symbolen an. Wo *Sie* beginnen oder Ihren momentanen Schwerpunkt erkennen, können Sie nur selber feststellen. Manche Tarot-Spieler/innen lesen sehr viel in Büchern nach, ehe sie dazu übergehen, eigene Deutungen zu entwickeln. Andere machen es gerade umgekehrt: Sie schützen die Privatheit ihrer Tarot-Erfahrung und der (täglichen) Selbstbegegnung mittels Tarot, bis sie sich in ihren persönlichen Deutungen einigermaßen klar und sicher fühlen, um erst dann zu weiteren Deutungen aus der Literatur zu greifen. Auf Dauer jedenfalls sind beide Komponenten unerläßlich.

Überlieferung und eigene Sicht

Training der Assoziation

Assoziationen sind unzensierte Einfälle

Schauen Sie sich ein Bild oder ein Symbol mit Aufmerksamkeit und ohne (!) sofortige Wertung an. Sammeln Sie *Einfälle* – zur Sache selber (zu dem Bild oder Symbol) sowie persönlichen Erinnerungen und Erfahrungen, die für Sie damit in Verbindung stehen.

Als Beispiel für mögliche Assoziationen hier einige Stichworte zu den vier Farbreihen des Tarot, denen Sie jeweils *Ihre* Erfahrungen und Einfälle hinzufügen können:

z. B. Phallussymbol und Hexenbesen

Stäbe: Phallussymbol, Hexenbesen, Sprößling, Wurzel. Knüppel, Brennmaterial, Baustoff. »Knüppel aus dem Sack«, Trommelstock, Zeigestab, Billardstock, Golfschläger, Tennisschläger. Kerze, Rakete, Sonne, Blitz.

z. B. Gral und Pokal

Kelche: Pokale, Trophäen, der Gral. Der weibliche Schoß, Quelle, Mündung. Das Wasser des Lebens, Jungbrunnen, der »zerbrochene Krug«. Taufe, Tränen, Trinken, auf dem Trockenen sitzen. Das Wasser bis zum Halse stehen haben, untertauchen, abtauchen, badengehen, sich freischwimmen.

z. B. Ritterlichkeit und Urteilskraft

Schwerter: Kriegswerkzeug, »Schwerter zu Pflugscharen«, »Wer nach dem Schwert greift, wird durch das Schwert umkommen«. Zeichen der Ritterlichkeit, der Freiheit, der Selbständigkeit und der Mündigkeit. Inbegriff der Urteilskraft und der Entscheidungs- sowie Bewußtseinsfähigkeit. Die Zweischneidigkeit des Schwertes.

z. B. Geld und »Talent«

Münzen/Scheiben: Geld und »Talent«, alles Finanzielle und Materielle. Etwas »ummünzen«, »mit gleicher Münze heimzahlen«, prägen und geprägt werden. Reichtum und Armut, Arbeit und Ernte. Die zwei Seiten der Medaille. Persönliche Werte.

Diese Assoziationen zu den vier Farbreihen sind nur *Beispiele*. Bringen Sie zu jeder Karte und möglicherweise zu jedem Einzelsymbol Ihre Einfälle zum Ausdruck. Es geht *nicht* darum, daß Sie sich künstlich neue oder zusätzliche Bedeutungen zu den Tarot-Symbolen ausdenken. Nur und gerade darum, daß Sie *Ihre* Eindrücke und Erlebnisse versammeln und einbringen, wenn Sie die Karten deuten.

Je mehr Sie von Ihren Eindrücken und Erfahrungen beim Tarot-Kartenlegen investieren, um so reicher und ergiebiger wird für Sie das Tarot. Allein schon einzelne Symbole, wie ein Fisch, eine Schlange, ein Diamant oder ein Baum, die wir auf Tarot-Karten antreffen, geben hier Anlaß für vielfältige persönliche Erinnerungen. Und was für solche Einzelsymbole, das gilt umso mehr für jede einzelne Karte als Gesamtbild, für Kleine wie auch für Große Arkana.

Training der Deutung

Es gibt einen wesentlichen Unterschied zwischen Deutung und Interpretation. Auch wenn die beiden Begriffe mitunter verwechselt werden, so wird im engeren Sinn unter »Deutung« nur die *Wahrnehmung* eines Bildes und Symbols verstanden. Zur eigentlichen *Deutung* gehört noch keine Bewertung! Es geht zunächst um die reine Bildbetrachtung und Bildbeschreibung. – Die inhaltliche Auswertung und die »Botschaft« einer Karte sollten nach Möglichkeit von der Deutung getrennt werden; sie sind dann Sache der späteren *Interpretation*.

Deutung: Bildbeschreibung ohne Bewertung

Worin besteht nun die eigentliche *Deutung*? Sie besteht darin, das Bild und die Symbole einer Karte aufmerksam zu betrachten.

Wie sehen Sie das Bild? Aus welcher Perspektive betrachten Sie die Karte? Identifizieren Sie sich mit einer der abgebildeten Gestalten, oder schauen Sie nur

Aufmerksame Betrachtung

aus der Distanz des Betrachters oder der Betrachterin auf die Karte?

Jede Karte läßt sich wie ein Vexierbild betrachten. Vexierbilder sind *Wandelbilder*, die je nach Blickrichtung eine andere Optik, ein unterschiedliches Bild darbieten.

Tarot-Vexierbilder

Das gilt für *jede* Tarot-Karte – insbesondere im Waite- und im Crowley-Tarot. Eines der markantesten Beispiele aus dem Waite-Tarot, das inzwischen oft zitiert wurde ist, ist das *Doppelgesicht* der kleinen Frau im Bild der »sechs Kelche«: Die kleine Frau nimmt eine doppelte Haltung ein. Einmal schaut sie weg (das Gelbe ist dann ihr Gesicht, links und rechts umgeben vom rotorangen Kopftuch). Ein andermal sieht sie zu dem Männlein hin (das Gelbe ist jetzt ihr Zopf, links davon ihr Gesicht und rechts davon ihr Kopftuch). Beide Blickrichtungen sind hier wichtig. Meistens fällt uns jedoch nur *eine* Blickrichtung bei dieser Karte aus dem Waite-Tarot auf, entweder die zugewandte oder die abgewandte.

Die Karte der »sieben Schwerter« aus dem Crowley-Tarot – als zweites Beispiel – läßt sich so betrachten, daß ein großes Schwert von vielen, nämlich sechs kleinen Schwertern in Schach gehalten wird, so wie wenn ein großes Argument durch viele kleine Gegenargumente entkräftet oder geschwächt wird. (So läßt sich auch der Titel dieser Karte aus dem Crowley-Tarot, »Vergeblichkeit«, rechtfertigen). – Dasselbe Bild läßt sich auch so beschreiben: Ein großes Schwert nimmt die Kraft vieler kleiner gegenläufiger Schwerter in sich auf (ein Argument oder eine geistige Position wächst dadurch, daß viele Gegenargumente berücksichtigt und in die eigene Überlegung einbezogen werden); dann sieht diese Karte »sieben Schwerter« aus dem Crowley-Tarot ganz anders aus: Das eine große und die sechs kleinen Schwerter ergänzen sich zu *einer* Struktur, fast wie ein *Baum* anzusehen, klar und schön wie ein Kristall.

So geht es in vergleichbarer Form bei jeder Karte darum, zunächst zu schauen, was überhaupt zu sehen ist! Stellen Sie fest, *wie* Sie das Bild betrachten. Beobachten Sie sich auch einmal selber gleichsam von außen, wenn Sie ein Tarot-Bild betrachten. *Was* Sie in einer Tarot-Karte sehen, ist nicht selbstverständlich und bietet Ihnen jeweils Varianten an.

Training der Interpretation

Bei der *Interpretation* geht es um die Auswertung und Zuspitzung Ihrer Assoziationen und Ihrer Deutungen der betreffenden Karte. Die Interpretation eines Symbols stellt ein *Begreifen* dar. Sie erarbeiten einen Begriff für das, was Sie sehen und was Ihnen einfällt, und geben dabei dem Erfahrenen eine (momentane) Beurteilung und Bewertung.

Interpretation: Auswertung und Zuspitzung

Wenn Sie Ihre Interpretationen der Tarot-Karten ausbauen und verbessern möchten, so berücksichtigen Sie die folgenden Gesichtspunkte:
- Üben, üben...
- Vorhandene Erklärungen und Interpretationen lesen, studieren und sammeln;
- Die eigene Sichtweise und die persönliche Betroffenheit gegenüber jeder Karte (für Sie selber) formulieren.

Eine zutreffende Symbolinterpretation umfaßt in der Regel *immer* allgemeingültige und individuelle Aspekte. Das heißt, praktisch gesehen kommt es nicht vor, daß eine Karte *nur* allgemeingültige Bedeutungen, aber keine persönliche Botschaft hätte; und ebenso selten geschieht es, daß eine Karte *nur* rein subjektiv zu deuten wäre. Die Kombination von allgemeiner Aussage und persönlicher Botschaft ist vielmehr die häufigste und wirksamste Form der Interpretation.

Tips zur selbständigen Interpretation

Subjektstufe und Objektstufe

Wie in der Traumdeutung, so gibt es auch in der Tarot-Deutung eine »Subjektstufe« und eine »Objektstufe«.

Auf der *Objektstufe* stehen die verschiedenen Bildfiguren für *andere* Menschen, denen Sie als Betrachter/in begegnen oder begegnet sind.

Auf der *Subjektstufe* ist jede Bildfigur als Spiegelung eines Eigenanteils der Betrachterin oder des Betrachters zu verstehen.

So können z. B. die Bildfiguren auf der Karte »VI-Die Liebenden« Ihre Beziehung zu anderen wie auch zu sich selber darstellen. Wenn Sie nicht genau wissen, ob jetzt die Objektstufe oder die Subjektstufe für Ihre Interpretation wichtig ist, arbeiten Sie bis auf weiteres mit beiden Alternativen. So geht es dann bei der Karte »VI-Die Liebenden« sowohl um Abstand und Auseinandersetzung im Verhältnis zu anderen wie zu sich selber – als auch um Liebe und Liebeserklärung wiederum an andere wie auch an sich selber!

Vergangenheit und Zukunft

In welcher Zeit spielt sich eine Kartenbefragung ab? Stets in der Gegenwart. Die Bilder und Symbole des Tarot sind ein Spiegel für das, was *ist*.

Aber so, wie Vergangenheit und Zukunft in die Gegenwart hineinwirken, ist es sinnvoll, auch bei der Interpretation der Karten darauf zu achten, welche Zeitebene für Sie jetzt angesprochen ist. Oftmals erkennen wir in aktuellen Bildern bestimmte Probleme und Gefahren, die aus der Vergangenheit herrühren! Ebenso können ungewohnte, überraschende und verwunderliche Eindrücke beim Deuten und Interpretieren einen Hinweis auf neue, unbekannte Möglichkeiten der Zukunft darstellen, die jetzt gleichsam ihre Schatten vorauswirft.

Warnung und Ermunterung

Jede Karte kann eine bestimmte Aufgabe als erledigt oder als bevorstehend anzeigen. Die Botschaft der Karte kann eine *Warnung*, eine *Ermunterung* oder eine *Bestätigung* sein. Wenn Sie nicht sofort wissen, welche der Alternativen im Augenblick für Sie zutreffend ist, lassen Sie bis auf weiteres alle Varianten gleichzeitig gelten.

Die Warnung, die eine Karte beinhaltet, und die Ermunterung, die sie vermittelt, schließen sich ohnehin nicht gegenseitig aus.

Training der praktischen Umsetzung

Deutung und Interpretation einer Karte oder einer Auslage sind erst abgeschlossen, wenn gewisse *praktische Konsequenzen* gezogen werden. Schließen Sie also nach Möglichkeit jede Symbolbetrachtung und Interpretation mit einer oder mehreren praktischen Schlußfolgerung/en ab. Verstehen Sie, was die gezogene Karte Ihnen bedeutet, und beobachten Sie sich selber, während Sie mit der Interpretation beschäftigt sind.

Umsetzung und Erprobung

Alles, was Sie sagen, tun und machen, – ja, alles was Ihnen geschieht (z. B. ein Telefonanruf), während Sie mit einer Tarot-Befragung beschäftigt sind, kann zum Inhalt, zur Botschaft der betreffenden Karte gehören! Wenn Sie dies beachten, liegen die praktischen Konsequenzen oft unmittelbar auf der Hand.

Praktische Konsequenzen

Bei einigen Karten richten Sie sich unwillkürlich auf, falls diese aufgedeckt werden, während Sie bei anderen Karten z. B. eher in sich zusammensacken oder leicht müdewerden. Genauso wie die Worte, die Ihnen einfallen, gibt die Körpersprache oft interessante Fingerzeige, was die persönliche Bedeutung Ihrer Karte angeht.

Die praktische Umsetzung einer Kartenbefragung kann naturgemäß auf unendlich vielen Ebenen geschehen. Um zwei Beispiele herauszugreifen: Sie können eine Umsetzung auf einer eher »buchstäblichen« Ebene wählen: Wenn Sie die Karte »XVI-Der Turm« zu verarbeiten haben, könnten Sie sich z. B. für einen

Fallschirmsprung anmelden oder auf den Sprungturm eines Schwimmbades gehen. Wenn Sie das »As der Kelche« umsetzen und beherzigen möchten, könnten Sie etwa duschen oder etwas Prickelndes trinken. – Bei nicht »buchstäblicher«, sondern sinngemäßer Umsetzung werden Sie, wenn es um den »Turm« geht, z. B. einen Absprung von »lieben Gewohnheiten« wagen und den Mut haben, in einer Angelegenheit sich ganz einzubringen und all Ihre Kraft und Liebe einzusetzen. Das »As der Kelche« kann Sie bei sinngemäßer Umsetzung etwa dazu veranlassen, jemandem anders und/oder Ihnen selber die eigenen Gefühle zu offenbaren, sich zu versöhnen oder zu verabschieden, jedenfalls einen Strich unter gewisse Erfahrungen zu ziehen, so daß Sie sich seelisch wie neugeboren fühlen.

Daneben sind viele weitere Umsetzungsmöglichkeiten vorhanden. Sollten Sie einmal gar nicht wissen, was eine bestimmte Auslage für Sie praktisch bezwecken soll, dann ist es meistens am besten, dieses als Zwischenergebnis zu akzeptieren und vorübergehend auf der Stelle zu treten bzw. zu lernen, »in der Luft zu hängen« oder zu »schwimmen«. Aber ist es auch nicht verboten, sich im Zweifelsfalle eine weitere Karte zu ziehen, auch zur Frage der praktischen Konsequenzen.

7. Weitere Anwendungen

Die Tarot-Karten wirken *Spiegel*, und so gibt es kein Thema, kein Erfahrungs- oder Wissensgebiet, das man nicht vor diesem Spiegel stellen könnte, ohne daß es zu einer Rückmeldung oder Querverbindung käme. Anders ausgedrückt: Im Prinzip gibt es *nichts*, was wir nicht mit dem Tarot in Verbindung bringen könnten. Aber genau genommen, stellt dies keine Besonderheit der Tarot-Karten dar, sondern nur *eine* Anwendung der Wahrheit, daß alles mit allem zusammenhängt...

Was spiegelt sich im Tarot?

Zu unterscheiden ist zwischen objektiven und subjektiven Zusammenhängen des Tarot mit anderen Symbolsprachen oder Wissensgebieten. Objektive Zusammenhänge bestehen z. B. zwischen dem Tarot und vielen Aspekten aus Märchen, Mythen und Träumen. Psychologische, philosophische, kultur- und zeitgeschichtliche Themen lassen sich unmittelbar an bestimmten Tarot-Karten festmachen. Wenn im Tarot die vier Farbreihen als Symbole für die vier Elemente Feuer, Wasser, Luft und Erde gedeutet werden, und wenn im modernen Tanztheater u. a. als Entsprechung zu denselben vier Elementen »vier Bewegungsqualitäten« bekannt und anerkannt sind, so stellt auch dies einen objektiven, durch die Sache gegebenen Zusammenhang zwischen Tarot und einem anderen Wissens- bzw. Erfahrungsgebiet dar. Ebenso verhält es sich mit den Entsprechungen zwischen Tarot und Astrologie (vgl. S. 173 ff.).

Die vier Elemente im Tanztheater

Im Unterschied dazu stellen Verknüpfungen zwischen dem Tarot und z. B. dem I-Ging, den Runen, gewissen Essenzen, Düften und Klängen vor allem

Tarot und I-Ging?

subjektive Zusammenhänge dar. Das heißt, daß in diesen Fällen ein sachlicher Zusammenhang zwischen dem Inhalt der Tarot-Karten und etwa dem I-Ging nicht vorhanden ist; die Kombination entsteht hier ganz entscheidend aus der Fantasie oder der rein persönlichen Betrachtung. Und diese subjektiven Zusammenhänge können im persönlichen Einzelfall durchaus wirkungsvoll und bedeutsam sein. Sie lassen sich jedoch nicht verallgemeinern.

Solche rein subjektiven Zusammenhänge stellen auch die Verknüpfungen des Tarot mit der *Kabbala* und der *Numerologie* dar.

Tarot und Kabbala? Die Kabbala ist ein Teil der jüdischen Esoterik, der (nicht erst) im 19. Jahrhundert besonders in Rosenkreuzer- und Theosophen-Kreisen in Mode gekommen ist. Dabei gibt es nicht eine Kabbala, sondern *viele* Auslegungsvarianten. So wird jeder Tarot-Karte im System der Kabbala z. B. ein Buchstabe zugeordnet; jeder Buchstabe besitzt wiederum einen Zahlenwert. Aber sowohl in der Frage, welcher Buchstabe den einzelnen Tarot-Karten zuzuordnen ist, wie auch in der Erklärung, welche Bedeutung ein bestimmter Zahlenwert haben soll, gehen die Vorstellungen zum Teil weit auseinander. Ähnlich verhält es sich mit dem Modell des Lebensbaumes und seinen Bedeutungen.

Wer von Haus aus in seinem sonstigen Leben bisher *nicht* mit der Kabbala in Berührung gekommen ist, muß sich jetzt nicht mit dieser Thematik befassen, nur weil er oder sie sich für Tarot interessiert. Erst 1856 wurden Tarot und Kabbala miteinander in Verbindung gebracht. Zu der Zeit existierten beide Gedankenwelten, Tarot und Kabbala, jede für sich schon viele Jahrhunderte, ohne direkt oder indirekt im Zusammenhang zu stehen.

Tarot und Numerologie? Die Verknüpfung von Tarot und *Numerologie* ist mit Vorsicht zu genießen. Auch hier war es zuletzt eine Mode des 19. Jahrhunderts, jeder Zahl bestimmte Wertungen und Bedeutungen zuzumessen. Heute hat sich die Situation gewandelt, und zwar durch die Entwicklung in der Numerologie selber. Immer neue Vorschläge wurden im Laufe der Zeit gemacht, welche Zahl z. B. als »heilige Zahl« zu betrachten ist: Erst die Sieben, dann die Acht, auch die Neun, schließlich die Zehn, und in der Konsequenz müßte man sagen, daß *jede* Zahl »heilig« ist oder sein kann.

Genauso verhält es sich mit der »Venuszahl«; mit der Frage, welche Zahlen »stark« oder »schwach« seien; usw. Für manche ist z. B. die 11 die Zahl des glücklichen Anfangs auf höherer Ebene. Andere sprechen von der »bösen 11«.

Kurz, die Entwicklung innerhalb der Numerologie selber hat die Vorstellung, daß Zahlen eine bestimmte *inhaltliche* Bedeutung hätten, ad absurdum geführt. Allgemeingültig und zuverlässig ist bei Zahlen allein der Funktionswert (z. B. 3+4=7), dazu mehr im nächsten Abschnitt dieses Buches.

Tarot-Tagebuch

Wenn Sie Spaß am Tarot-Kartenlegen gefunden haben, lohnt es sich auf jeden Fall, ein Notiz- oder Tagebuch anzulegen, in dem Sie Tageskarten, einzelne Auslagen und persönliche Erfahrungen mit dem Tarot festhalten. Wenn Sie noch mehr mit dem Tarot erleben möchten, empfiehlt es sich, ein persönliches Tarot-Buch anzulegen: »Lies die Bedeutung in den verschiedenen Büchern und Broschüren nach, aber folge auch deinem Gefühl, was löst die Karte in dir aus, unabhängig von jeder Interpretation. Schreib› dir das immer auf, das wird am Ende dein eigenes Tarotbuch« (Luisa Francia). Besonders nützlich ist es, wenn Sie dabei für jede Karte eine Doppelseite reservieren, so daß Sie auf der einen Seite Anregungen und Interpretationen aus der Tarot-Literatur festhalten können, um auf der zweiten Seite dies durch persönliche Erfahrungen, Träume, Erlebnisse usw. zu ergänzen.

Bücher zum Thema »Kreatives Schreiben« oder »Schreiben als Therapie« können Ihnen hier zusätzliche Hinweise geben.

Atemübungen und Augentraining Besonders lohnend zu Vertiefung und Erweiterung der Tarot-Erfahrung können Atem-Übungen sowie ein Augen- und Sehtraining sein. Dazu, ferner zu interessanten Fantasiereisen und praktikablen Meditationstechniken, gibt es inzwischen recht vielfältige Literatur, über die Sie sich im Buchhandel informieren können.

Tarot und Kunst Nicht wenige Schriftsteller, Musiker und bildende Künstler haben mit ihren Mitteln die Tarot-Karten interpretiert und/oder in ihr Werk einbezogen (auch dazu nähere Angaben in den Anmerkungen). Neben bekannten Namen wie Italo Calvino, Mike Batt und Salvador Dali gibt es Künstlerinnen und Künstler in großer Zahl, Profis und Laien, die mit Geschichten und Gedichten, Collagen und Bildern, Fotosammlungen und Fensterbildern, Kompositionen oder Choreografien *künstlerische Interpretationen* der Tarot-Motive entwickelt haben.

Es gibt viele Wege der Tarot-Interpretation, nicht nur den der Worte und Gedanken. Das gilt auch für die Ansätze, Tarot in Psychodrama und Gestalttherapie unmittelbar erfahrbar zu machen.

Tarot in Gruppen Für Gruppenprozesse bietet sich ferner das assoziative sowie das meditative Kartenlegen an. Tarot-Karten können als Starthilfe zur Gesprächseröffnung bei Beratungen und Tagungen eingesetzt werden. Oder jede/r in einer Gruppe stellt sich mittels einer ausgesuchten oder gezogenen Karte in der Gruppe vor. Oder eine Gruppe erfindet gemeinsam eine Geschichte, indem jede/r der Anwesenden eine Karte beisteuert, die auf dem Tisch aneinandergereiht wird und Stoff für eine Fortsetzungsgeschichte gibt...

Assoziatives Kartenlegen Beim *assoziativen* Kartenlegen zieht man Karten, ohne ein bestimmtes Legemuster zu verwenden.

Sie überlegen sich Ihre Fragestellung und merken sich diese. Dann wird eine kleinere Zahl von Karten gezogen, zwischen einer und drei Karten. Die Bilder werden betrachtet, gedeutet und ausgewertet wie sonst auch, und die Ausgangsfrage wird eingeschränkt oder erweitert.

Bei Bedarf werden erneut ein bis drei Karten gezogen, die die Aussage des ersten Durchgangs weiterführen. (Entweder alle drei gemeinsam pro Durchgang als Fortsetzung der vorherigen Runde oder je eine neue Karte konkretisiert je eine Karte aus der bisherigen.) Dieser Vorgang wird einige Male wiederholt, bis eine befriedigende Antwort erreicht ist.

Die Form der Auslage ist hier weniger entscheidend als die Konzentration auf die persönliche Fragestellung und die Achtsamkeit für Ihr Erlebnis mit den einzelnen Karten im Augenblick.

Zum Schluß kann auch bei dieser Form des Kartenlegens bei Bedarf die Quersumme gezogen werden, und wie immer gibt die gesamte Auslage die Antwort auf die gesuchte Frage. Zur Einübung des assoziativen Kartenlegens empfiehlt es sich, mit *einer* Karte pro Durchgang zu beginnen.

Meditatives Kartenlegen

Beim *meditativen* Kartenlegen werden mit Aufmerksamkeit, Entspannung und Konzentration, jedoch nicht unbedingt mit einer bestimmten Frage, Karten *ausgesucht*. Das heißt, Sie wenden den Kartenstapel so, daß die Karten nach oben liegen, und dann schauen Sie sich die Karten nacheinander an. Die Bilder, die Sie spontan besonders ansprechen, nehmen Sie heraus, legen sie vor sich hin und gestalten sie nach Gefühl und Intuition zu einem bestimmten Muster.

Wenn Sie entweder den ganzen Kartenstapel durchgeblättert haben oder aber zu dem Eindruck gekommen sind, genügend Karten ausgewählt zu haben, ist die Auslage beendet. Atmen Sie dann bewußt, nehmen Sie dann das Gesamtbild auf und lassen Sie sich auf die Wirkung der Karten ein.

Spiegel, Spiel und Wegweiser

Die Anwendungsmöglichkeiten des Tarot sind weit gefächert. Zwischen Meditation und Fun (Spaß), zwischen Spiritualität und Kommerz stellt sich eine inzwischen recht weitverbreitete, etablierte und differenzierte *Tarot-Landschaft* dar. – Nutzen Sie Tarot als Spiegel, Spiel und Wegweiser, und lassen Sie andere daran teilhaben.

Erneut:
Der »rote Faden«

Festzuhalten bleibt dabei, daß der *rote Faden* im Umgang mit Tarot und anderen Symbolsprachen in der Umsetzung bzw. Aufhebung der persönlichen Wünsche und Ängste besteht. Solange Sie auf diesem Weg vorankommen, *nützt* Ihnen Ihre Art, mit den Tarot-Karten umzugehen. Und umgekehrt, auch eine reichhaltige Tarot-Praxis und umfangreiche Symbol-Kenntnis bleibt im persönlichen Sinne *wertlos*, wenn jener rote Faden fehlen sollte.

Aufgabe aller Symbole ist es, eine *Brücke zu bauen*, zwischen Himmel und Erde, Bewußtsein und unbewußtem Sein. In den klassischen Psychotherapien ist *Verstehen* gleich Heilung. – Ob der Brückenschlag zwischen oben und unten gelingt und das Verstehen glückt, – daran mißt sich der Wert oder Unwert jeder einzelner der vielen Anwendungsmöglichkeiten des Tarot.

8. Die 78 Karten als Netzwerk

Die Numerierung berücksichtigen

Im Unterschied zur früheren Numerologie, besitzen *Zahlen* heute keine bestimmten Inhalte (!). Sie besitzen jedoch einen Funktionswert (3+4=7), und dieser Funktionswert der Zahlen – ein Spiegel des *Kollektiven Bewußtseins* – verknüpft die 78 Karten untereinander in einem feinen, weitreichenden Netzwerk. Dabei bleibt gültig, daß zuerst und zuletzt jede Tarot-Karte *für sich* steht.

Bedeutungsvolle Zusammenhänge

Bedeutung der Reihenfolge

Die *Reihenfolge* einer Karte innerhalb einer Farbreihe der Kleinen Arkana oder innerhalb der Großen Arkana ist aufschlußreich: Sie stellt jede Karte als eine Mittlerin dar, etwa »fünf Kelche« als Brücke zwischen »vier Kelche« und »sechs Kelche«. Das verleiht jeder Karte zusätzliche Bedeutungen.

Einteilungen der Großen Karten

Für die 22 Großen Karten existieren darüber hinaus mehrere Vorschläge zur Unterteilung in Untergruppen:

Die Karte »0-Der Narr« wird aus den 22 Karten herausgenommen. Die verbleibenden 21 werden in 3 Gruppen à 7 Karten eingeteilt. Die 2 bekanntesten Varianten:
- *Drei Entwicklungsstufen*: Erste Stufe – I bis VII; zweite Stufe – VIII bis XIV; dritte Stufe – XV bis XXI. Diese drei Stufen werden u. a. folgendermaßen bezeichnet:
1–7: Elementare Stufe

8 – 14: Spirituelle Stufe
15 – 21: Kosmische Stufe.
Die Karten, die auf diesen Stufen über- oder untereinanderliegen, gelten als inhaltliche Entsprechungen auf den verschiedenen Ebenen: Also I – VIII – XV, II – IX – XVI, III – X – XVII; usw.

- Eine andere verbreitete Methode unterteilt die 21 Karten in »*drei Wege*«:
Der »Osiris-Weg«:
I – IV – VII – X – XIII – XVI – XIX.
Der »Isis-Weg«:
II – V – VIII – XI – XIV – XVII – XX;
und der »Horus-Weg«:
III – VI – IX – XII – XV – XVIII – XXI.

Für das heutige Verständnis der Großen Arkana ist vor allem die Vorstellung der 22 *Großen Karten als Kreis* wichtig. Danach stellen die Großen Arkana nicht nur eine Strecke, einen Einweihungsweg dar, auf der bzw. dem wir möglichst schnell von den Anfangskarten I, II usw. zu den Großen Arkana XX, 0 und XXI gelangen sollten. Als Kreis oder als *Spirale* verstanden können wir die 22 Großen Karten mehrfach durchleben und sie auf stets neuer Ebene erfahren. Vor allem ermöglicht es das Modell des Kreises, daß *jede* der 22 Großen Karten auch als eine *Zielposition* in Frage kommt. Insbesondere die ersten der Großen Arkana werden damit nicht nur als Ausgangspositionen für alles weitere, sondern ebenfalls als Zielpunkte faßbar.

Additionen als Interpretationshilfen

Additionen helfen uns, *Brücken zu bauen*, die eigenen Deutungen anzureichern und gegebenenfalls zu kontrollieren.

Wenn Sie die Karte »XVI-Der Turm« etwa als Addition der Karten VI+X verstehen (oder auch VII+IX u. a. m.), dann gewinnen Sie möglicherweise einen zusätzlichen Zugang zu einer nicht leicht zu deutenden Karte wie dem »Turm«. *Additionen* erlauben es, von zwei oder mehreren bekannten Karten auf eine unbekannte Karte zu schließen. Die Deutung »schwieriger« Karten wird dadurch erleichtert. Die Interpretationen der einzelnen Karten werden miteinander verglichen und in Beziehung gebracht, und sie können sich selber überprüfen, ob Ihre Interpretationen miteinander stimmig und untereinander folgerichtig sind.

Bei den Großen Arkana können wir uns die Karte »I-Der Magier« auch als 22+I vorstellen; die Karte »II-Die Hohepriesterin« als 22+II; usw. Denn als Kreis oder als Spirale verstanden, ist bei 22 nicht Schluß.

Zum Beispiel: XIV+IX=23=22+I (in Worten: »Mäßigkeit/Kunst«+»Eremit« umschreiben und ergeben zusammen den Inhalt des »Magier«). Und: XVII+VII=24=22+II (in Worten: »Stern« und »Wagen« ergeben und erklären zusammen »Die Hohepriesterin«).

Wege innerhalb der Großen Arkana

Parallelkarten & Quersummenkarten

Quersummenkarten sind, auch unter dem Namen »*Quintessenz*«, als Zusammenfassung einer kompletten Auslage bekannt. Zusätzlich existieren auch innerhalb der 22 Großen Arkana Quersummenkarten:

II und XI und XX; III und XII und XXI; IV und XIII; V und XIV; VI und XV; VII und XVI; usw.

Quersummenkarte

Die Quersummenkarten innerhalb der Großen Arkana stellen die betreffenden Karten in ein Verhältnis von Gegensatz und Ergänzung!

Zum Beispiel: »VI-Die Liebenden« und »XV-Der Teufel« stehen in einem Verhältnis von Gegensatz und Ergänzung. »III-Die Herrscherin/Kaiserin« und »XII-Der Gehängte« stehen in einem Verhältnis von Gegensatz und Ergänzung; usw.

Parallelkarten

Als *Parallelkarten* innerhalb der Großen Karten gelten die Karten mit gleicher Endziffer: I und XI und XXI; II und XII; III und XIII; IV und XIV; usw.

Die Parallelkarten innerhalb der Großen Arkana stehen zueinander in einem Verhältnis wie Grundton und Oktav oder wie Vordergrund und Hintergrund!

Beispiele: »XV-Der Teufel« ist die höhere Oktav oder der Hintergrund für »V-Der Hierophant/Hohepriester«; »VII-Der Wagen« ist der Grundton oder steht im Vordergrund für die höhere Oktav der Karte »XVII-Der Stern«; usw.

Verbindungen zwischen Kleinen und Großen Arkana

Innere Zusammenhänge der Kleinen Arkana

Die Zahlenwerte stellen auch Entsprechungen zwischen den vier Farbreihen der Kleinen Arkana sowie zwischen Kleinen und Großen Arkana her. Alle Kleinen Karten mit derselben Zahl stellen in dieser Betrachtung dieselbe Thematik oder dieselbe Station nur auf unterschiedlichen Ebenen, die eben durch die vier Elemente angegeben werden, dar. Das bedeutet: Dasgleiche, was »zwei Stäbe« innerhalb des Feuers bewirken und bedeuten, stellen die »zwei Kelche« innerhalb des Wassers dar, die »zwei Schwerter« und »zwei Münzen/Scheiben« entsprechend für Wasser und Erde.

In diesem Modell stellen z. B. die Karten »drei Schwerter« und »drei Kelche« die gleichen Themen nur auf unterschiedlichen Ebenen dar. Auch zwischen den vier 10er-Karten gibt es danach eine inhaltliche Gleichwertigkeit, auch wenn das manchen Sehgewohnheiten gerade bei diesen Karten widerspricht; aber »zehn Kelche« stellt tatsächlich genausoviel Gutes und Schlimmes dar, wie z. B. »zehn Münzen/Scheiben« und »zehn Schwerter«!

Zusätzlich ergeben sich Entsprechungen zwischen Großen und Kleinen Arkana, wenn wir die Großen Arkana jeweils als *Oberbegriff* verstehen, der sich in der Kleinen Arkana auf vier verschiedenen Ebenen umsetzt. Die vier Kleinen Karten mit der Zahl 3 haben demnach als Oberbegriff die Große Karte III (»Die Herrscherin/Kaiserin). Weiteres Beispiel: Die Große Karte «VII-Der Wagen» beschreibt umfassend die Thematik, die sich auf unterschiedlichen Ebenen oder in Teilaspekten in den vier Kleinen 7er-Karten («sieben Stäbe», «sieben Kelche», «sieben Schwerter» und «sieben Münzen/Scheiben») wiederfindet.

Verbindungen erkennen und nutzen

9. Jede Karte eine Welt für sich – und für Sie!

Holographische Bilder

Durch die verschiedenen angegebenen Operationen wie Addition, Quersumme, Parallelkarte, aber auch durch die Querverbindungen, die sich durch die Symbole selber ergeben, existieren für jede einzelne Karte so viele Querbezüge, daß es nicht übertrieben ist zu sagen, daß jede Karte wie ein holographisches Bild auf eine spezielle Art alle 77 anderen in sich enthält.

Für alle, die mit Tarot mehr erreichen möchten, ist es sinnvoll, die Fülle der Querbeziehungen für jede einzelne Karte weitgehend auszuschöpfen.

Dabei lassen sich *Blinde Flecken* erkennen und beheben. Geht es für Einsteiger/innen zunächst darum, sich auf viele zuvor unbekannte Themen einzulassen und damit Erfahrungen zu sammeln, so kristallisiert sich für Fortgeschrittene häufig eine bestimmte Gruppe von Karten heraus, bei denen man merkt, daß man besonders gefordert wird.

Dabei sind insbesondere die Rechenoperationen eine Art Kontrolle und »Feinschliff«, um sich unbekannten Themen anzuvertrauen und Blinde Flecken aufzuheben. Wer von der Optik her z. B. im Waite-Tarot »zwei Kelche« sowie »drei Kelche« als *positive*

Erweiterung der Wahrnehmung

Karten, dagegen »fünf Kelche« als negative Karte empfindet, der oder die wird z. B. durch die Methode der Additionen zu einer Überprüfung seiner Vorstellungen angehalten. Denn immerhin gilt 2+3=5, das muß dann auch für die Kelch-Karten gelten: »2 Kelche« plus »3 Kelche« gleich »5 Kelche«.

Als weiteres Beispiel: Im Crowley-Tarot werden die Karten »As der Schwerter« und »sechs Schwerter« gern gesehen und »gut« interpretiert, hingegen erscheint die Karte »sieben Schwerter« für viele mit dem Makel des aufgedruckten Untertitels »Vergeblichkeit«. Auch hier ist die Vorstellung, daß die Karte »sieben Schwerter« als eine Addition, d. h. als eine Zusammenfassung der Karten »As der Schwerter« und »sechs Schwerter« zu verstehen ist (natürlich auch: 2+5 Schwerter, 3+4 Schwerter), eine wichtige Hilfe, sich von Vorurteilen in der Interpretation zu lösen und die möglichen Gefahren und negativen Aspekte von »As der Schwerter« und »sechs Schwerter« zu sehen – wie auch die schönen und positiven Bedeutungen der Karte »sieben Schwerter«, die durch den Untertitel im Crowley-Tarot gar nicht erfaßt werden.

Dieses und anderes mehr sind geistige Übungen, die uns bei der Tarot-Interpretation aus Einbahnstraßen befreien. Mit dem hier beschriebenen Handwerkszeug betrachtet und verstanden, wird jede Karte zu einer Welt für sich – und zu einer Welt für Sie! Denn erst wenn Blinde Flecken und Projektionen in der Wahrnehmung der Tarot-Karten schwinden, treten wir den Symbolen als solchen gegenüber. Nur wenn die Wahrnehmung und das Verständnis der Bilder und Symbole nicht von subjektiven Vorlieben und Abneigungen übermäßig beherrscht werden, lassen sich persönliche Wünsche und Ängste als solche klarer unterscheiden. Wenn Sie wissen (und auch vom Herzen her nachvollziehen), daß jede der 78 Karten absolut gleichwertig ist, erkennen Sie in Ihren momentanen Lieblings- und Streß-Karten umso deutlicher *Ihren* aktuellen »roten Faden«.

Aufhebung von Projektionen

Die *Aufhebung von Projektionen* stellt eines der schönsten und vornehmsten Ziele des Tarot-Kartenlegens dar, das über das Ziehen von Tageskarten und einzelnen Auslagen weit hinausgeht. Wie immer, ist dabei das, was Sie mit dem Tarot erleben, im Prinzip nichts anderes als ein Spiegel für Ihre Erlebnisweisen und Verständnisprozesse im Alltag. Durch die

Aufhebung der Projektionen wird das Tarot-Kartenlegen zu einem Training dafür, daß Sie auch im sonstigen Leben die Dinge, die Menschen und auch sich selber mehr und mehr so sehen und zu schätzen wissen, wie sie sind.

Persönliche Magie

Darüber hinaus bietet die Tarot-Praxis die Gelegenheit, Sehgewohnheiten, seelische Einstellungen und gedankliche Vorstellungen gleichsam Stück für Stück auseinanderzulegen und wieder zusammenzubauen. Auch dieser Effekt einer längerfristigen, kontinuierlichen Tarot-Praxis geht über das Ziehen einzelner Karten und Auslagen hinaus. Mit Herz und Verstand lernen Sie, »sich neu zusammenzusetzen«, getreu dem alten Magier-Motto: *Solve & Coagula* – löse und verbinde... die nächsten praktischen Aufgaben, die persönlichen Wünsche und Ängste und nicht zuletzt Dich selbst, das eigene Selbstverständnis in dieser Welt.

2. Teil
Legemuster

*Ein Verzeichnis aller folgenden Legemuster
finden Sie auf S. 6/7 sowie Quellenangaben dazu
in den Anmerkungen auf S. 193 ff.*

I. Für jeden Tag

1.
»Tageskarte«

|1|

Sich regelmäßig eine Tageskarte zu ziehen, ist die wichtigste und zugleich schönste Übung mit dem Tarot. Die Tageskarte wird morgens oder abends gezogen, in der Regel ohne eine *bestimmte* Fragestellung. Sie soll eine Station des Tarot zum Tagesthema machen, ein Motiv für den jeweiligen Tagesablauf besonders hervorheben.

Wenn Sie es einrichten können, plazieren Sie Ihre Tageskarte so, daß es Ihnen möglich ist, im Laufe des Tages öfter einmal daraufzuschauen. Es ist interessant, wie die Bedeutung der Tageskarte dadurch wächst, lebendig bleibt und mit Ihnen zu »sprechen« beginnt.

Als Anfänger/in kommen Sie damit Stück für Stück in die Bilderwelt des Tarot hinein, nicht bloß theoretisch, sondern immer verbunden mit Ihrem persönlichen und praktischen Erleben. Für Fortgeschrittene ist die Tageskarte erst recht von entscheidender Bedeutung. Die Arbeit mit dem »Zufall« und der Dialog zwischen Bild und Betrachter/in werden sich gerade dann entfalten, wenn die spannende Frage beim Kartenlegen nicht nur lautet »Welche Karte ziehe ich?«, sondern auch »Wie *sehe* ich die Karte, die ich ziehe?«.

Außerdem erlaubt die Tageskarte eine kontinuierliche Beschäftigung. Jeden Tag wenige Minuten bringen wesentlich mehr als nur gelegentliche Auslagen.

2.
»Tageskarten-Variante«

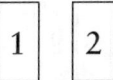

Die Karten werden gemischt. Die oberste aller Karten wird aufgedeckt: das ist die Tageskarte. Die unterste der Karten wird aufgedeckt: das ist der Hintergrund oder die Basis für die Tageskarte.

3.
»Tageskarte mit Erläuterungen«

1 – Tageskarte
2 – Momentane Situation; was Sie bewegt
3 – Der Hintergrund des Tagesgeschehens

4.
»Tagesaufgaben«

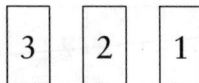

1 – Tageskarte
2 – Besondere Aufgabe für heute
3 – Besondere Chance für heute

5.
»Tageslosung«

Es werden zwei Karten gezogen. Eine wird weggelegt; die andere ist die Tageskarte.

6.
»Tagesverlauf«

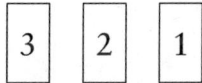

1 – Darum geht es /
darauf kommt es heute an
2 – So entwickelt es sich
3 – So fangen Sie an /
das bringen Sie mit

7.
»Die Geschichte meiner Tageskarte«

[1]

Ziehen Sie eine Tageskarte. Nehmen Sie sich zwei Minuten Zeit, und notieren Sie alles, was Ihnen zu Ihrer Tageskarte einfällt – ohne Bewertung und ohne fertige Deutung.

Es kommt bei dieser Übung auf die spontanen Assoziationen an. Schreiben Sie Ihre Empfindungen und Gedanken direkt auf. Die Zeit von zwei Minuten sollte für diese Übung nicht überschritten werden.

Sodann nehmen Sie sich abends (jedenfalls zu einem späteren Zeitpunkt desselben Tages) noch einmal die Karte und ihre Notizen vor.

Betrachten Sie die Karte und Ihre Einfälle dazu ein weiteres Mal, und legen Sie jetzt eine oder zwei praktische Konsequenz(en) zu Ihrer Tageskarte fest.

8. & 9.
»Zwei Auslagen für alle Fälle«

1 – Aktuelle Situation
2 – Vergangenheit oder das, was schon da ist
3 – Zukunft oder das, was neu zu beachten ist

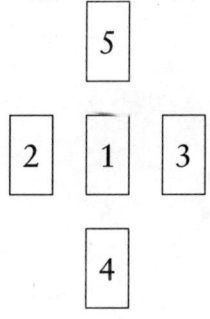

1 – Schlüssel oder Hauptaspekt
2 – Vergangenheit oder das, was schon da ist
3 – Zukunft oder das, was neu zu beachten ist
4 – Wurzel oder Basis
5 – Krone, Chance, Tendenz

10.
»*Entscheidung*«

```
      [ 3 ]

[ 1 ]     [ 2 ]
```

1 – Lage
2 – Aufgabe
3 – Entscheidung

Quellenangaben (Herkunftshinweise) zu einzelnen Legemustern, vgl. Anmerkungen S. 193 ff.

II. »Tendenzen & Perspektiven«

11.
»Kreuz«

Variante 1

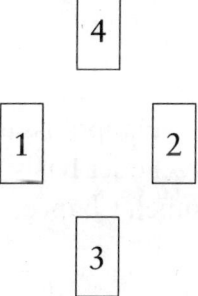

1 – Einerseits/Der Aspekt, den Sie schon kennen
2 – Andererseits/Die Kehrseite
3 – Was geändert werden muß
4 – Urteil, Perspektive

12.

»*Kreuz*«

Variante 2

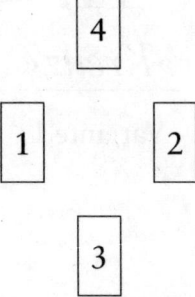

1 und 2 – Hauptaussage
3 – Wurzel oder Basis
4 – Himmel, Chance, Tendenz

Weitere »Kreuz«-Varianten: Die Quersummen-Karte kann als fünfte Karte auf den Platz in der Mitte gelegt werden. Dadurch entsteht jeweils ein neues Bild der Auslage. Von dieser neuen Auslage mit fünf Karten kann abschließend ein weiteres Mal die Quersumme errechnet werden – als Schlußaussage.

13.

»Kreuz«

Variante 3

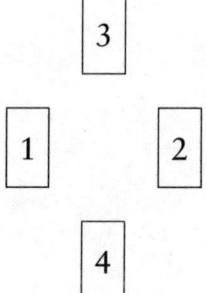

1 – Dieser Weg sollte gemieden werden
2 – Dieser Weg ist gut
3 – Darum geht es
4 – Dorthin führt er

14.

»Kreuz«

Variante 4

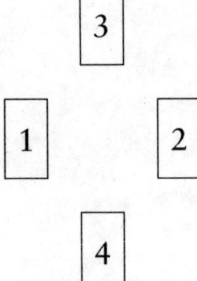

1 – Ihr Thema
2 – Dies fordert Sie heraus
3 – Das denken Sie…
4 – …und das benötigen Sie

15.
»Trendlinie«

Variante 1

| 1 | 2 | 3 | 4 |

1 – Das kennen Sie schon
2 – Das können Sie gut
3 – Das ist noch neu
4 – Das lernen Sie nun dazu

16.
»Trendlinie«

Variante 2

| 1 | 2 | 3 | 4 | 5 |

1 – Was Sie haben
2 – Was Sie suchen
3 – Was Sie sollen
4 – Was Sie wollen
5 – Was für Sie jetzt wichtig ist

17.
»Trendlinie«

Variante 3

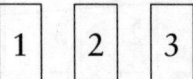

1 – Das macht Ihnen Sorgen
2 – Das sollten Sie dennoch nicht vergessen
3 – So könnte sich die Angelegenheit bereinigen lassen

18.

»Das Wegekreuz«

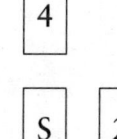

S – stellt als Signifikatorkarte das Thema, die Ausgangsposition der Fragestellung dar; sie wird daher vorher herausgelegt (ausgesucht).

1 – »Wo kommt es her«; beschreibt die Herkunft, den Hintergrund von »S«.

2 – »Wo geht es hin«; gibt Auskunft über den Weg, den S, auch unabhängig von dem, was Sie mit »S« tun, nehmen wird.

3 – »Was bedeutet es für mich«; erklärt den Stellenwert, die Bedeutung von »S« für Sie.

4 – »Welche Möglichkeit beinhaltet es, eröffnet sich dadurch/daraus«; beschreibt, was Sie durch die Begegnung mit »S« erreichen.

19.
»Trendbefragung«

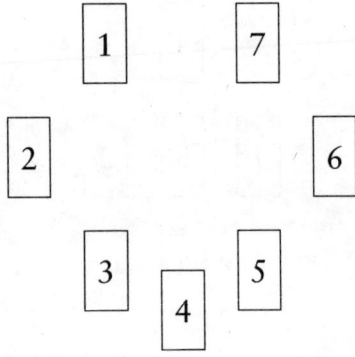

1 – Kräfte der Vergangenheit
2 – Kräfte der Gegenwart
3 – Kräfte der Zukunft
4 und 5 – Ratschläge und Hinweise für Ihr Verhalten
6 – Hindernisse, die überwunden oder umgangen werden müssen
7 – Antwort

20.
»Talent & Chance«

```
┌───┐ ┌───┐ ┌───┐
│ 2 │ │ 1 │ │ 3 │
└───┘ └───┘ └───┘
```

1 – Thema/Problem
2 – Aufgabe/Herausforderung
3 – Chance/Talent

Quellenangaben (Herkunftshinweise) zu einzelnen Legemustern, vgl. Anmerkungen S. 193 ff.

III. Lockerungs- & Entspannungsübungen

21.
»Lieblingskarte«

| 1 |

Diese Karte wird nicht gezogen, sondern ausgesucht. Welche Karte finden Sie – nach dem, was Sie von den Karten wissen und wie Sie vom Gefühl her die einzelnen Bilder wahrnehmen – am besten? Welche Karte ist im Moment Ihr Liebling?

Eine Lieblingskarte heraussuchen – immer einmal wieder, von Zeit zu Zeit –, macht Spaß. Zusätzlich hat diese Übung auch einen tieferen Sinn: Man achtet darauf, welche Wünsche und Interessen im jeweiligen Augenblick im Brennpunkt stehen!

22.
»Großer Traum«

| 1 |

Welches Thema stellt zur Zeit Ihren größten (Wunsch-) Traum dar?
Eine Karte aussuchen wie bei Nr. 21.

23.
»Verrückte Vision«

Wählen Sie zwei Karten aus – indem Sie die Bilder offen betrachten: Zwei Karten, die Situationen beschreiben, die ganz »verrückte« Wünsche und »unrealistische« Visionen darstellen...

24.

»Tarot-Magie«

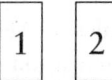

1 – Diese Karte wird ausgesucht:
   Ihre bewußte Einstellung
2 – Diese Karte wird verdeckt gezogen:
   Ihre unbewußte Einstellung

Ziel dieser Auslage ist es, die bewußte und die unbewußte Einstellung zu einem Thema zu vergleichen. Werden Sie sich zunächst über Ihre Frage oder die Thematik, über die Sie Aufschluß gewinnen wollen, klar. Merken Sie sich Ihre Frage.

Dann nehmen Sie die Karten so, daß Sie die Bilder anschauen können und blättern die Karten durch. Nehmen Sie die Karte heraus, die Sie für Ihre Fragestellung am meisten anzieht.

Dann werden die Karten gewendet, die Bilder zeigen nun nach unten. Jetzt mischen Sie die Karten wie gewohnt und ziehen eine heraus.

25.
»Meditatives Kartenlegen«

Beim *meditativen* Kartenlegen werden mit Aufmerksamkeit, Entspannung und Konzentration, jedoch nicht unbedingt mit einer bestimmten Frage, Karten *ausgesucht*. Das heißt, Sie wenden den Kartenstapel so, daß die Karten nach oben liegen, und dann schauen Sie sich die Karten nacheinander an. Die Bilder, die Sie spontan besonders ansprechen, nehmen Sie heraus, legen sie vor sich hin und gestalten sie nach Gefühl und Intuition zu einem bestimmten Muster.

Wenn Sie entweder den ganzen Kartenstapel durchgeblättert haben oder aber zu dem Eindruck gekommen sind, genügend Karten ausgewählt zu haben, ist die Auslage beendet. Atmen Sie dann bewußt, nehmen Sie dann das Gesamtbild auf und lassen Sie sich auf die Wirkung der Karten ein.

26.
»Assoziatives Kartenlegen«

Beim *assoziativen* Kartenlegen zieht man Karten, ohne ein bestimmtes Legemuster zu verwenden.
Sie überlegen sich Ihre Fragestellung und merken sich diese. Dann wird eine kleinere Zahl von Karten gezogen, zwischen einer und drei Karten. Die Bilder werden betrachtet, gedeutet und ausgewertet wie sonst auch, und die Ausgangsfrage wird eingeschränkt oder erweitert.
Bei Bedarf werden erneut ein bis drei Karten gezogen, die die Aussage des ersten Durchgang weiterführen. (Entweder alle drei gemeinsam pro Durchgang als Fortsetzung der vorherigen Runde oder je eine neue Karte konkretisiert je eine Karte aus der bisherigen.) Dieser Vorgang wird einige Male wiederholt, bis eine befriedigende Antwort erreicht ist.
Die Form der Auslage ist hier weniger entscheidend als die Konzentration auf die persönliche Fragestellung und die Achtsamkeit für Ihr Erlebnis mit den einzelnen Karten im Augenblick.
Zum Schluß kann auch bei dieser Form des Kartenlegens bei Bedarf die Quersumme gezogen werden, und wie immer gibt die gesamte Auslage die Antwort auf die gesuchte Frage. Zur Einübung des assoziativen Kartenlegens empfiehlt es sich, mit *einer* Karte pro Duchgang zu beginnen.

27.
»Zauberspruch der Zigeuner«

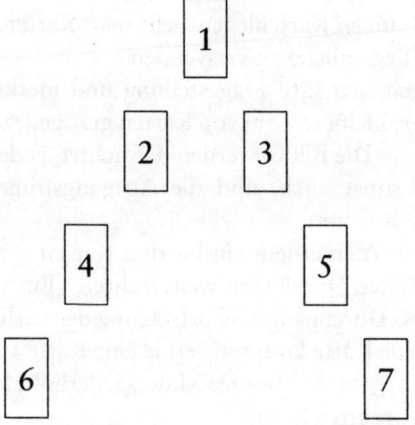

1 – Das sind Sie
2 – Was Sie deckt
3 – Was Sie schreckt
4 – Was Sie treibt
5 – Was Ihnen bleibt
6 – Was Ihnen in Zukunft winkt
7 – Was Sie auf den Boden bringt

28.
»Überraschungsspiel«

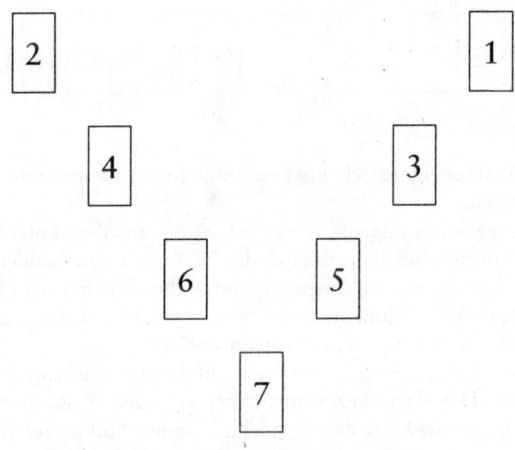

1 – Vergangenheit I: die bekannte Seite
2 – Vergangenheit II: eine unbekannte Seite
3 – Gegenwart I: was schon da ist
4 – Gegenwart II: was neu hinzukommt
5 – Zukunft I: Ihre bisherige Planung
6 – Zukunft II: etwas Unerwartetes
7 – Überraschung: verblüffende Möglichkeiten

29.
»Das Kirchhof-Spiel«

1	2	3	4	5	6	7	8	9	10	11	12	13

Diese Auslage eignet sich, um eine Frage zu beantworten und zugleich zu prüfen.

Zum Vorgehen: Zunächst wird der »Narr« aus dem Spiel herausgenommen. Mischen Sie die verbleibenden 77 Karten, und wählen Sie (verdeckt!) 12 Karten aus, zu denen Sie nun – ebenfalls mit dem Bild nach unten – den »Narr« hinzufügen. Diese 13 Karten werden erneut gemischt, und in der angegebenen Weise ausgelegt.

Alle 13 Karten zusammen antworten auf die gestellte Frage.

Die Karte »Der Narr« bezeichnet dabei – gleichsam als »Stunde Null« – die Wende in einer Entwicklung oder auch eine »Stunde der Wahrheit«.

Auswertung:

(1) Der »Narr« kennzeichnet die Gegenwart. Sie sehen also einen Entwicklungsverlauf als Antwort auf Ihre Frage. Liegt der »Narr« am Anfang der Reihe, dann haben Sie das meiste in dieser Angelegenheit noch vor sich; Sie stehen an einem Neuanfang. Erscheint der »Narr« zum Schluß hin, so besagt dies, daß die betreffende Entwicklung weitgehend hinter Ihnen liegt.

(2) Die Stellung der Karte »Der Narr« gibt auch die Reichweite Ihrer Frage an: Was *vor* dem »Narr« erscheint, zeigt die bewußte Einstellung. Alles, was *nach* dem »Narr« aufgedeckt wird, beschreibt die unbewußte Einstellung und eine bisher unbewußte oder unbekannte Frage, die über die Anfangsfrage hinausgeht.

Erscheint der »Narr« am Anfang der Reihe, sind die meisten Aspekte der gestellten Frage entweder noch unbekannt oder die Frage selber reicht nicht weit genug. Erscheint der »Narr« jedoch am Ende der Reihe, gilt, daß die gestellte Frage gut und weitreichend gestellt ist.

Resümee: Alle 13 Karten zusammen. Wenn gewünscht, Quersumme.

Quellenangaben (Herkunftshinweise) zu einzelnen Legemustern, vgl. Anmerkungen S. 193 ff.

30.
»Mut zur Lücke«

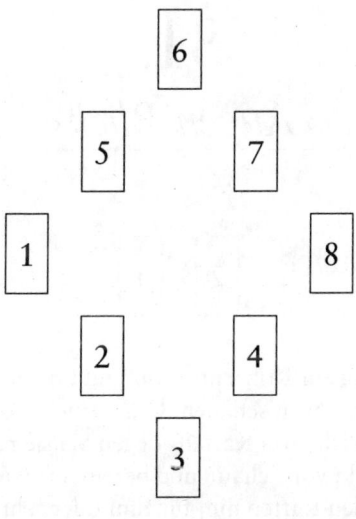

1 – Das ist möglich
2 – Das ist wichtig
3 – Das ist mutig
4 – Das ist nichtig
5 – Das ist nötig
6 – Das ist heiter
7 – Das ist witzig
8 – Das führt weiter

IV. Konzentrations- & Sammlungsübungen

31.

»Augen-Blick«

| 2 | 1 |

Eine Sehübung zur Konzentration und Entspannung. Nehmen Sie sich Zeit, um zu schauen. Ohne eine besondere Fragestellung ziehen Sie sich zwei Karten. Legen Sie sie nach dem Ziehen erst noch verdeckt vor sich hin und bereiten Sie sich innerlich darauf vor, die beiden Karten nun für fünf oder zehn Minuten anzuschauen – einfach nur zu sehen, was es zu sehen gibt, auf jeder der beiden Karten und auf beiden Karten gemeinsam, so wie sie da nebeneinanderliegen. Wenn Sie innerlich bereit sind, decken Sie die Karten auf und widmen Sie sich den Bildern.

Etwa nach der Hälfte der Zeit heben Sie den Blick für eine kleine Pause und dann, für die zweite Hälfte der vorgenommenen Zeit, betrachten Sie dieselben Karten noch einmal neu, so als würden Sie sie *jetzt zum ersten Mal* sehen.

Wenn die Zeit abgelaufen ist, schließen Sie die Augen einem Moment lang und fassen Sie Ihre Eindrücke und Assoziationen zusammen. Machen Sie sich eventuell Notizen.

Beenden Sie die Übung, indem Sie Ihre Aufmerksamkeit auf das ausrichten, was jetzt im Alltag auf Sie wartet.

32.
»Zentrierung«

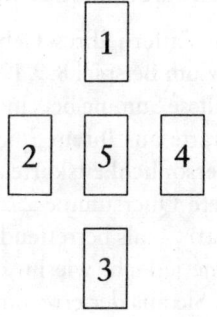

1 – Was Sie sehen
2 – Was Sie tun
3 – Was Sie fühlen und empfinden
4 – Was Sie denken
5 – Was Sie sind

33.
»Persönlichkeitskarten«

Variante 1: Aus dem Geburtsdatum errechnen:

Dazu wird aus den Ziffern Ihres Geburtsdatums die Quersumme gebildet: Zum Beispiel 8.9.1963 ergibt: 8+ 9 + 1 + 9 + 6 + 3 = 36. Liegt diese Summe bei einer Zahl zwischen 1 und 21, so ist die Große Karte aus Ihrem Spiel, die die gleiche Zahl trägt, die zugehörige Persönlichkeitskarte.

Beträgt die errechnete Quersumme 22, so gilt die 22. Große Karte – das ist »Der Narr« – als betreffende Persönlichkeitskarte.

Liegt die Quersumme jedoch, wie im obigen Beispiel, bei 23 oder höher, so müssen Sie aus der errechneten Quersumme noch einmal die Quersumme ziehen. Zum Beispiel ergibt dann 36 als weitere Quersumme 3 + 6 = 9; die Große Karte mit der gleichen Ziffer ist nun die zutreffende Persönlichkeitskarte, in diesem Beispiel IX – Der Eremit.

Variante 2: Eine Karte aussuchen (vgl. S. 76).

Variante 3: Eine Karte ziehen (vgl. S. 60).

Variante 4: Alle 78 Tarot-Karten zusammen stellen einen Spiegel Ihrer Persönlichkeit dar.

Variante 5: Die Tarot-Karten, die zu Ihrem Tierkreiszeichen gehören (vgl. besonders S. 191).

34.

»Streßkarte«

[1]

Diese Karte stellt Gegensatz und Ergänzung der Lieblingskarte dar (vgl. S. 76 und besonders S. 34). Sie wird nicht gezogen, sondern ausgesucht.

Welche Karte erscheint Ihnen – von dem her, was Sie über sie wissen und/oder was Sie bei ihr empfinden – am schlimmsten oder am unangenehmsten? Welche Karte verursacht Ihnen am meisten »Streß«, wenn sie in einer Auslage in positiver oder negativer Deutung erscheint?

Zu jeder Streßkarte gibt es *eine* bestimmte Glückskarte, *wenn* man es schafft, über den »Streß hinauszukommen. Was ist wirklich furchtbar an der Streßkarte, und wie können Sie sich davor schützen? Welches sind die positiven Seiten, die auch die Streßkarte – wie jede andere Karte – besitzt? Zur weiteren Auswertung s. Anmerkung auf S. 195 ff.

35.
»Hit-Liste«

1

2

3

4

5

6

7

8

9

10

Ihre momentanen 10 Lieblingskarten.

36.
»Anti-Hit-Liste«

1

2

3

4

5

6

7

8

9

10

Die 10 zur Zeit unbeliebtesten Karten.

37.
»Das Unbekannte«

[1]

Auch diese Karte wird ausgesucht.
Ähnlich wie beim meditativen Kartenlegen (vgl. S. 80) kommt es hier auf Ihre Aufmerksamkeit an.

Betrachten Sie die Tarot-Karten Bild für Bild und beobachten Sie, welche Karte zur Zeit am unbekanntesten auf Sie wirkt (oder – anders ausgedrückt – welche Karte im Augenblick für Sie schlechthin das Unbekannte verkörpert).

Widmen Sie dieser Karte Ihre besondere Aufmerksamkeit!

38.
»Eine Karte weglegen«

> 1

Suchen Sie bei Bedarf eine Karte aus, die Sie für eine bestimmte Zeit weglegen. Die Karte kommt solange aus Ihrem Blickfeld und spielt (auch bei Ihren sonstigen Auslagen) *nicht* mit. Merken Sie sich lediglich, welche Karte Sie für wie lange abgelegt haben.

39.
»Die vier Elemente«

Betrachten Sie die vier Asse. Welche Farbreihe ist Ihnen am meisten vertraut, welche besonders sympathisch? Welche Reihe ist Ihnen am wenigsten vertraut, welche besonders unsympathisch? Notieren Sie Ihre Antworten mit kurzen Begründungen (vgl. Anm. S. 195 ff.).

40.

»Brennpunkt«

Eine Übung mit den Hofkarten. Legen Sie sämtliche Hofkarten vor sich aus, entspannen und konzentrieren Sie sich auf die Bilder. Suchen Sie diejenige Hofkarte aus, die Sie derzeit am meisten beeindruckt – sei es im positiven oder negativen Sinne. Legen Sie diese Karte vor sich hin und nehmen Sie sich einige Minuten Zeit für Notizen unter der Überschrift: »Mein Verhältnis zu dieser Karte…« (Zur Auswertung siehe S. 195 ff.).

Quellenangaben (Herkunftshinweise) zu einzelnen Legemustern, vgl. Anmerkungen S. 193 ff.

V. Suchen & Finden

41.
»Der Stern«

1 – Wo Sie stehen
2 – Ihre Aufgaben
3 – Ihre Schwierigkeiten
4 – Ihre Stärken
5 – Ihr Ziel

42.
»Das Pentagramm«

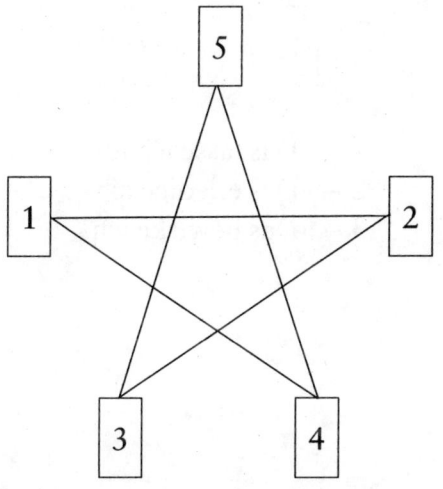

1 – Da kommen Sie her
2 – Dort gehen Sie hin
3 – Das fällt Ihnen schwer
4 – Das macht Ihnen Sinn
5 – Das bedeutet viel: Ihr großes Ziel

43.
»Lösen & binden«

1 – »Das lasse ich los«
2 – »Das erledige ich«
3 – »Das bewirke ich«

44.
»Fragespiel«

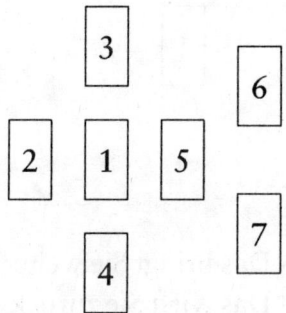

1 – »Meine Situation/mein Problem«
2 – »So entstand es«
3 – »So fühle ich es heute«
4 – »Davor habe ich Angst«
5 – »Das kommt in der Zukunft«
6 – »Davor warnt das Tarot«
7 – »Das empfiehlt das Tarot«

45.
»Wünsche & Ängste«

```
[1]  [2]

[4]  [3]
```

1 – Das bringt Sie weiter
2 – Das wirft Sie zurück
3 – Das führt in die Irre
4 – Das verspricht Glück

46.
»Neue Antworten«

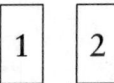

1 – Das kennen Sie
2 – Das kommt neu hinzu

Diese Auslage kann mehrfach hintereinandergelegt werden. Zum Beispiel:

(1) In Beziehung und Partnerschaft…
(2) Im Beruf…
(3) Im Privatleben…
(4) Im Verhältnis zu XY…
(5) Im Verhältnis zu XZ…
(6) …

47.
»Der Weg« oder »Die Wende«

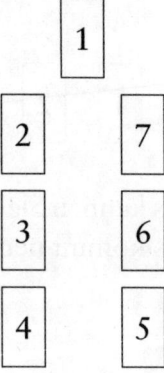

1 – Darum geht es. Das sind die Chancen und Risiken im Zusammenhang mit der Frage.

Die linke Säule zeigt das bisherige Verhalten:

2 – Bewußte Einstellung und rationales Verhalten. Gedanken, Vernunftgründe, Vorstellungen, Absichten, Verhaltensweisen. Was Sie denken oder soweit gedacht haben.

3 – Unbewußte Einstellung und emotionales Verhalten. Wünsche, Sehnsüchte, Hoffen und Bangen. Was Sie fühlen oder bisher empfunden haben.

4 – Äußere Haltung. Ihr Auftreten, wie Sie auf andere wirken und damit eventuell Ihre Fassade.

Die rechte Säule zeigt Vorschläge für zukünftiges Verhalten (Bedeutungen entsprechen den Feldern 2–4):

7 – Bewußte Einstellung. Vorschlag für rationale Vorgehensweise.

6 – Unbewußte Einstellung. Vorschlag für die emotionale Haltung.

5 – Äußere Haltung. So sollten Sie auftreten. Das sollen Sie tun und zu erkennen geben. *(Hajo Banzhaf)*

(Quellenangabe S. 195 ff.).

48.
»Neue Werte«

Variante 1

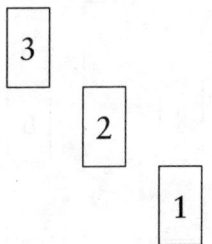

Variante 2

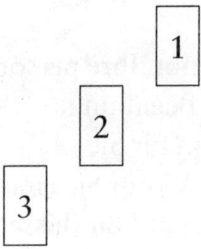

1 – Das verliert an Bedeutung
2 – Das gewinnt an Gewicht
3 – Das ist jetzt wesentlich

49.
»Zielfindung«

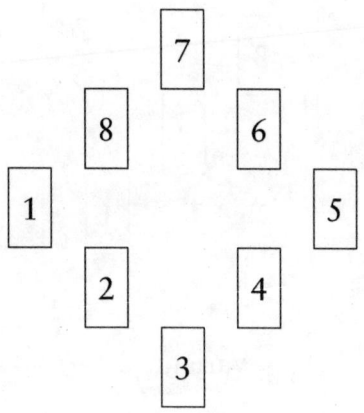

1 – Ihr Ausgangspunkt, Ihre persönliche Natur
2 – Ihre Stärke und Begabung
3 – Ein altes Problem für Sie
4 – Ihre Schwäche / Wofür Sie eine Schwäche haben
5 – Neuer Ansatzpunkt / Einflüsse von anderen / Ihre andere Seite
6 – Unentdeckte Talente
7 – Neuartige Chancen
8 – Bewährung Ihrer Leidenschaft
9 (= Karte 1) – Neue Aufgaben / neue Ziele

50.
»Erkenne Dich selbst«

1 – »Wer bin ich?«
2 – »Was brauche ich?«
3 – »Wie bekomme ich es?«

Quellenangaben (Herkunftshinweise) zu einzelnen Legemustern, vgl. Anmerkungen S. 193 ff.

51.
»Auch so bin ich«

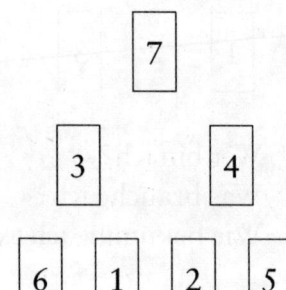

1 – »Was ich fühle«
2 – »Was ich weiß«
3 – »Woran ich glaube…«
4 – »…und woran ich festhalte«
5 – »Was ich nicht weiß…«
6 – »…vielleicht nur ahne:«
7 – »Auch so bin ich!«

52.
»Blinder Fleck«

- Einen Blinden Fleck zu bemerken, ist keine Schwäche, sondern zeugt von persönlicher Stärke.
- In aller Regel »erfinden« die Tarot-Karten keinen Blinden Fleck. Sie spiegeln nur Sehgewohnheiten und Einstellungen, die auch im sonstigen Alltag gelten. Es ist also für alle Lebensbezüge viel gewonnen, wenn ein Blinder Fleck entdeckt wird.
- Die Karten für Blinde Flecken lassen sich nicht aussuchen oder ziehen (denn an den gezogenen oder ausgesuchten Karten würde man doch nur das Bekannte, nicht aber das Unbekannte, eben den Fleck in der Optik bemerken).
- Hinweise auf entsprechende Punkte geben alle Karten, bei denen Sie den Eindruck haben, hier habe sich der oder die Zeichner/in »vertan«.
- Den deutlichsten Hinweis geben die Karten, die Sie nur-positiv oder nur-negativ wahrnehmen.

53.
»Innere Kraft«

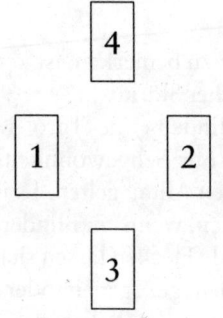

1 – »Meine Pflichten«
2 – »Meine Lust«
3 – »Das sagt meine innere Stimme«
4 – »So entscheide ich mich«

54.
»*Woher kommt mein/e…*?*«

Variante 1

[1]

1 – Daher!

55.
»*Woher kommt mein/e…*?*«

Variante 2

[1] [2] [3]

1 – Daher
2 – Auch daher
3 – Und ganz besonders hierher

* Hier je nach Lage einsetzen:
Freude / Trauer / Wut / Sehnsucht usw.

56.
»Wo oder wie finde ich…?«

| 1 |

1 – Antwort

57.
»Wie finde ich…?«

| 1 | 2 |

1 – So!
2 – Und so!

58.
»Wo finde ich …?«

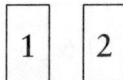

1 – Dort nicht
2 – Aber hier

59.
»Wandlungsschritte 1«

1 – »Das ist vorbei und abgeschlossen«
2 – »Das ist vorbei und wirkt noch nach«
3 – »Darauf bewege ich mich zu«
4 – »Das kommt auf mich zu«
5 – »Die gegenwärtige Lernaufgabe«

60.
»Wandlungsschritte 2«

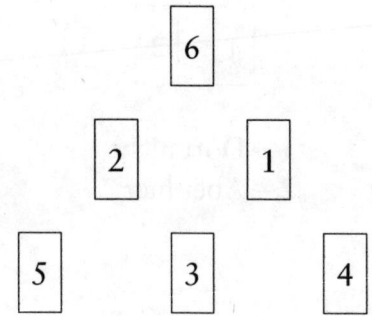

1 – »Das will ich«
2 – »Das will ich nicht (aber es ist so)«
3 – »Das will A (z. B. Partner/in)«
4 – »Das will B (z. B. Kinder oder Freunde)«
5 – »Das will C (z. B. Kollegen oder Nachbarn)«
6 – Das Beste für alle Beteiligten

61.
»Wandlungsschritte 3«

```
┌───┐ ┌───┐
│ 1 │ │ 2 │
└───┘ └───┘

┌───┐ ┌───┐
│ 3 │ │ 4 │
└───┘ └───┘
```

1 – »Eine Angst, die verschwindet«
2 – »Ein Wunsch, der sich erfüllt«
3 – »Eine Kraft, die mich trägt«
4 – »Eine Sehnsucht, die mir bleibt«

62.
»Der Weg der Wünsche«

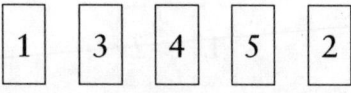

Bei dieser Auslage werden die Karten nicht gezogen, sondern ausgesucht. Insgesamt benötigen Sie fünf Karten.

Zuerst eine für das, was ist. Wählen Sie mit Ruhe und Konzentration ein Bild für Ihre momentane Situation. Wenn Sie diese Karte gefunden haben, legen Sie diese vor sich hin. Dann finden Sie eine für das, was sein soll, das heißt, für das, was Sie sich wünschen. Nehmen Sie sich dafür soviel Zeit wie Sie benötigen.

Wenn dann diese beiden Karten vor Ihnen liegen, schieben Sie diese auseinander, und suchen Sie drei weitere Karten aus, die als Verbindungsstück, als Brücke dienen können, um von dem, was ist, zu dem gewünschten Ziel zu gelangen. Achten sie bei der Auswahl darauf, daß es eine tragfähige Brücke wird und daß Sie auf der anderen Seite *ankommen*.

Zum Schluß betrachten Sie die Karten durchgängig als *einen* Weg und eine Geschichte (Quersumme).

1 – Momentane Situation
2 – Wunschvorstellung
3, 4, 5 – Brücke von 1 nach 2

VI. Entscheidungsfragen

63.
»*Entscheidungen*«

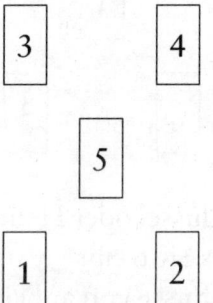

1 und 2 – Wo Sie herkommen, einerseits / andererseits
3 und 4 – Wo Sie hingehen, Gefahren / Chancen
1 und 3 – Das spricht dagegen
2 und 4 – Das spricht dafür
5 – Urteil

64.
»Entscheidungsgründe«

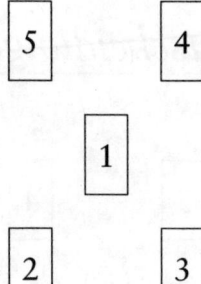

1 – Schlüssel oder Hauptaspekt
2 – Was Sie treibt
3 – Einflüsse von außen
4 – Eine Gefahr oder ein Risiko
5 – So wird es gelingen

65.
»Akute Konsequenzen«

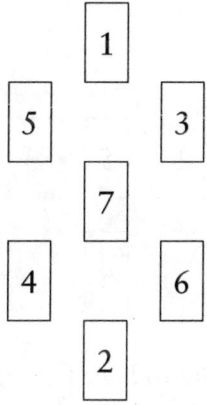

1 – Ihre Stärken
2 – Ihre Schwächen
3 – Unterstützung
4 – Widerstand
5 – So sollten Sie sich entscheiden
6 – Das wird dann geschehen
7 – Ihre Lösung

66.
»Problemstellung«

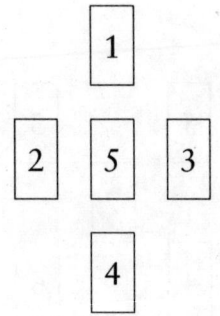

1 – »Mein Problem / Das Thema«
2 – »Was ich nicht ändern kann«
3 – »Was ich tun sollte / Meine Aufgabe«
4 – »Welche Alternative steht mir noch offen?«
5 – »Quersumme
   Wie geht es vorläufig weiter?«

67.

»Lösung«

1 – Aufgabe
2 – Problem, das damit verbunden ist
3 – Lösung
4 – Neue Erfahrung
5 – Ergebnis

68.
»Das Wesentliche«

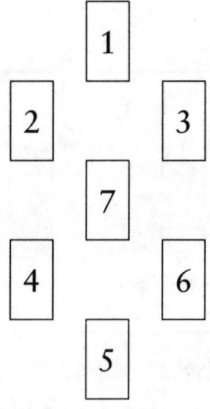

1 – Ihre Meinung
2 – Was Sie genau sehen
3 – Was Sie leicht vergessen
4 – Die Meinung der anderen
5 – Was andere klar sehen
6 – Was jene leicht übersehen
7 – Das Wesentliche

69.
»Einteilung«

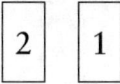

1 – Das schaffe ich jetzt
2 – Das gelingt mir später

Quellenangaben (Herkunftshinweise) zu einzelnen Legemustern, vgl. Anmerkungen S. 193 ff.

70.
»Der nächste Schritt«

> 1

1 – »Darauf konzentriere ich mich jetzt«

71.

»Die nächsten Schritte«

1 – »Das ist jetzt wichtig«
2 – »Das bleibt dabei unbeachtet«
3 – »Das ist dabei zu berücksichtigen«

72.
»Das Schwert«

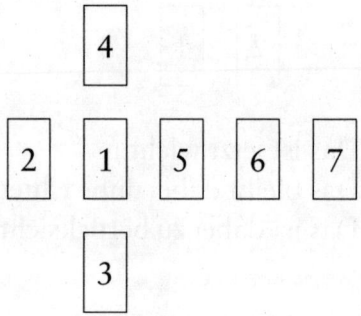

1 – Der Kern der Sache
2 – Ihr Ansatzpunkt
3 – Ihre Basis, Ihre Stütze
4 – Ihre Chance / Was Ihnen zu Hilfe kommt
5 – Ein Problem wird gelöst
6 – Ein Wunsch geht in Erfüllung
7 – Neue Erkenntnis, neues Verständnis

VII. Beziehungen & Partnerschaft

73.
»Gemeinsame Lösung«

1 – »Mein/e Partner/in«
2 – »Ich«
3 – »Darum geht es ihr/ihm«
4 – »Darum geht es mir«
5 – »Gemeinsame Lösung«

74.

»Partnerschaft«

```
        [3]

[1]          [2]
```

1 – »Mein/e Partner/in«
2 – »Ich«
3 – »Gemeinsame Aufgabe oder Chance«

75.

»Beziehungstarot«

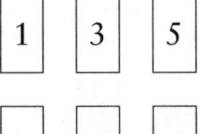

1 – Partner A zieht eine Karte für Partner B:
»So sehe ich dich…«
2 – Partner B zieht eine Karte für Partner A:
»So sehe ich dich…«
3 – Partner A zieht eine Karte für sich:
»So sehe ich mich…«
4 – Partner B zieht eine Karte für sich:
»So sehe ich mich…«
5 – Partner A zieht eine Karte, die seine Beziehung zu Partner B zeigt
6 – Partner B zieht eine Karte, die seine Beziehung zu Partner A zeigt

Karten nacheinander aufdecken, auf erste Reaktionen achten und über die Karte zu dem Partner sprechen:
z. B.: »Ich sage dir mit dieser Karte…«
»Ich bekomme von dir…«
»Ich gebe dir in diesem Augenblick…«

76.

»Partnerschafts-Spiegel«

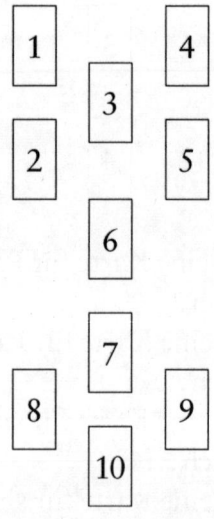

1 – »Ich selbst«
2 – »Wie sehe ich meine/n Partner/in?«
3 – »Wie sehe ich unsere Beziehung?«
4 – »Das stärkt die Beziehung«
5 – »Das schwächt die Beziehung«
6 – »Meine Hoffnungen«
7 – »Meine Befürchtungen«
8 – »Meine Aufgabe in der Beziehung«
9 – »Seine/Ihre Aufgabe in der Beziehung«
10 – »Das wird daraus«

77.

»Beziehungs-Weise«

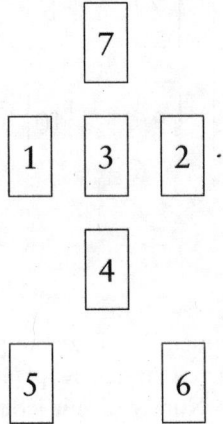

1 – »Partner/in«
2 – »Ich«
3 – »Eine verbindende Kraft«
4 – »Die gemeinsame Basis«
5 – »Die Quellen der/des Partnerin/Partners«
6 – »Meine Quellen«
7 – »Brennpunkt. Gemeinsames Ziel«

78.

»Tarot-Encounter«

Wollen zwei Personen ihre Beziehung klären, so zieht jeder zunächst drei Karten für sich, Kopf (1 bzw. 4), Herz (2 und 5) und Bauch (3 und 6). Nun wird mit jedem einzeln besprochen, was aus seinen Karten und deren Lage zueinander herauszulesen ist. Hierbei muß ich gerade darauf achten, daß der Partner, mit dem gerade nicht gearbeitet wird, nur Zeuge ist und nicht eingreift. Dann untersuche ich die Karten daraufhin, auf welchen Ebenen die Partner miteinander zurecht kommen und wo ich Konflikte sehe. Bevor weitergearbeitet werden kann, muß ein Akzeptieren unserer Deutungen mindestens zwischen jedem Partner einzeln und mir erreicht sein. Nun zieht einer der Partner eine Karte für das, was er dem anderen zu sagen hat (7). Während ich der Formulierung der Aussage vielleicht helfe, ist der andere Partner wieder nur schweigender Zeuge. Danach lasse ich ihn mit einer Karte antworten (8) und der erste hat zu schweigen, bis er eine klare Antwort erhalten hat.

So kann fortgefahren werden, bis jeder die Bedürfnisse des anderen möglichst wertfrei sieht und als Tatsache für sich anerkennt. Mindestens versuche ich eine Situation zu schaffen, in der jeder dem anderen für geduldiges Zuhören denken kann.«

(Anand Anupam)

79.
»Ich liebe sie alle...«

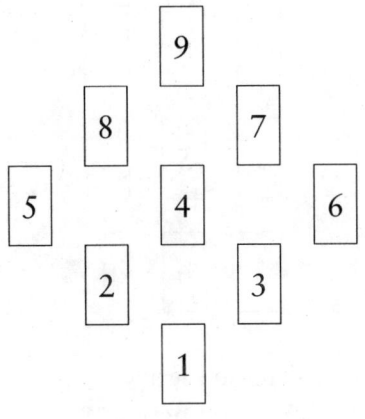

1 – ... das Kind
2 – ... den Engel
3 – ... den Teufel
4 – ... das Namenlose
5 – ... das Weibliche
6 – ... das Männliche
7 – ... das Besondere
8 – .. das Belanglose
9 – ... das Ausgereifte (das Alter)
   ... in mir

80.
»Drei L«

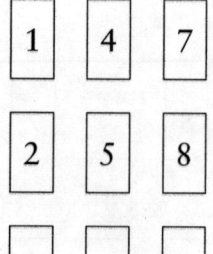

1 – »Meine Liebe«
2 – »Meine Lust«
3 – »Meine Leidenschaft«

4 – »Deine Liebe«
5 – »Deine Lust«
6 – »Deine Leidenschaft«

7 – (Quer-)Summe aus 1 + 4
8 – (Quer-)Summe aus 2 + 5
9 – (Quer-)Summe aus 3 + 6

81.
»Ich liebe, weil…«

| 1 |

1 – Antwort

82.
»Liebestest«

```
      1
  2   5   4
      3
```

1 – »Was mir meine Beziehung(en) zur Zeit bedeuten«
2 – »Was mir daran gut gefällt«
3 – »Was mir daran nicht gefällt«
4 – »Was der Liebe neue Kraft (neue Flügel) verleiht«
5 – »Was ich in der Liebe noch nicht kenne und nun erfahren werde«

VIII. Lebensreise

83.
»Bestandsaufnahme«

1	2	3	Vergangenheit
6	5	4	Gegenwart
7	8	9	Zukunft

84.
«Zielsetzung»

```
    1
    4
 3     2
```

1 – »Mein Ziel«
2 – »Welche Qualitäten kann ich zur Zielerreichung einsetzen?«
3 – »Welche Fehler hindern mich an der Zielerreichung?«
4 – »Wie erreiche ich mein Ziel?«

85.
»Lösungsweg«

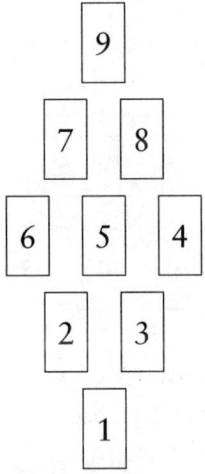

1 – Ihre Mitgift
2 – ...deren Fluch
3 – ...deren Verheißung
4 – Eine Herausforderung für Sie
5 – Ein bleibendes Rätsel für Sie
6 – Eine Last, aber notwendig für Sie
7 – Ihre Aufgabe
8 – Ihr Problem
9 – Ihre Lösung

86.
»Gipfel des Glücks«

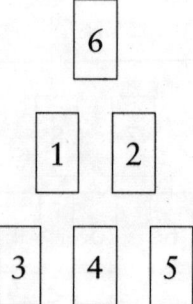

1 – Das werden Sie los
2 – Das erreichen Sie
3 – Das kommt mit
4 – Das bringt Ihnen Glück
5 – Das tritt Ihnen noch entgegen
6 – Diese Lösung bringt Ihnen Segen

Quellenangaben (Herkunftshinweise) zu einzelnen Legemustern, vgl. Anmerkungen S. 193 ff.

87.
»Gegenwart und Zukunft«

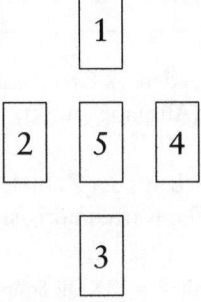

1 – Wo Sie stehen
2 – Ihre Aufgaben
3 – Ihre Ängste
4 – Welche Einstellung Ihnen weiterhilft
5 – Das Ergebnis der Bemühungen

88.
»Weg und Ziel«

| 1 | 3 | 2 |

Diese Karten werden aus den 22 Großen Arkana ausgesucht:
1 – Wo Sie jetzt stehen (Ausgangspunkt)
2 – Wohin Sie möchten (Ziel)

Die dritte Karte ergibt sich aus der Zahl der Schritte, die innerhalb des *Kreises* der 22 Großen Karten nötig sind, um von 1 nach 2 zu kommen: 3– Ihr Weg

(Beispiel: 1 = IX – Der Eremit; 2 = XIX Die Sonne; 3 – der Weg IX nach XIX = X – Rad des Schicksals/Glück. Oder: 1 = XXI – Die Welt/Das Universum; 2 = VI – Die Liebenden; 3 – der Weg von 1 nach 2 = VII – Der Wagen.)

89.
»Wachstumskarten«

7	8	9
4	5	6
1	2	3

1, 2, 3 – Liebe
4, 5, 6 – Kreativität
7, 8, 9 – Berufung

90.
»Selbstbeschreibung«

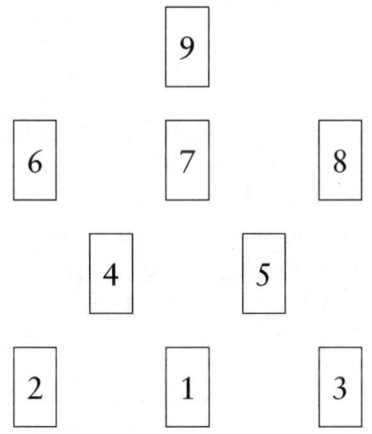

1 – »Ich bin…«
2 – »Ich bin nicht…«
3 – »Ich bin auch…«
4 – »Was ich an mir überhaupt nicht verstehe…«
5 – »Worauf ich für mich mächtig stolz bin…«
6 – »Das Schlimmste, das mir eine/r sagen könnte…«
7 – »Das Herrlichste, das mir eine/r sagen könnte…«
8 – »Das Ehrlichste, das mir einer sagen könnte…«
9 – »Mit einem Wort: …«

91.
»Lernaufgaben«

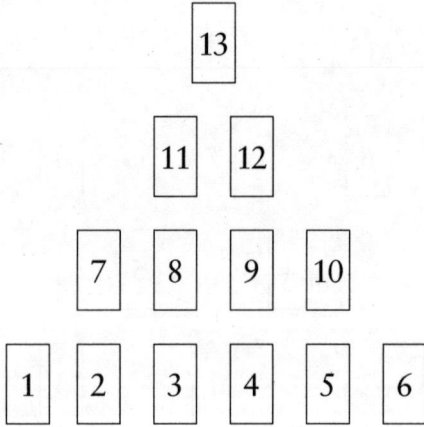

1 – »Was habe ich erfahren?«
2 – »Worauf kann ich mich verlassen?«
3 – »Welche Früchte sind jetzt reif?«
4 – »Welche Resultate fehlen noch?«
5 – »Welche Wünsche machen mich stark?«
6 – »Und welche schwächen mich?«
7 – »Welchen Ängsten will ich mich stellen?«
8 – »Und welchen besser ausweichen?«
9 – »Welche Ziele haben sich bewährt?«
10 – »Und welche nicht!«
11 – »Wo liegen meine Hindernisse?« /
     »Was paßt nicht mehr zu mir?«
12 – »Wo finde ich Unterstützung?«
13 – »Wie kann ich meinen Wünschen Nachdruck verleihen?«

92.
»Traumziel«

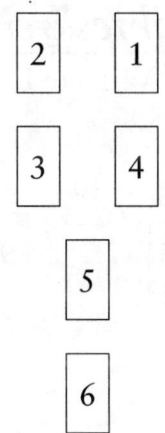

1 – Wo Sie stehen
2 – Wohin Sie gehen
3 – Ihre Wünsche
4 – Ihre Ängste
5 – Ihr wirkliches Verlangen
6 – Das Geheimnis Ihrer Suche

IX. Vorschau & Überblick

93.
»Jahreskreis«
Variante 1

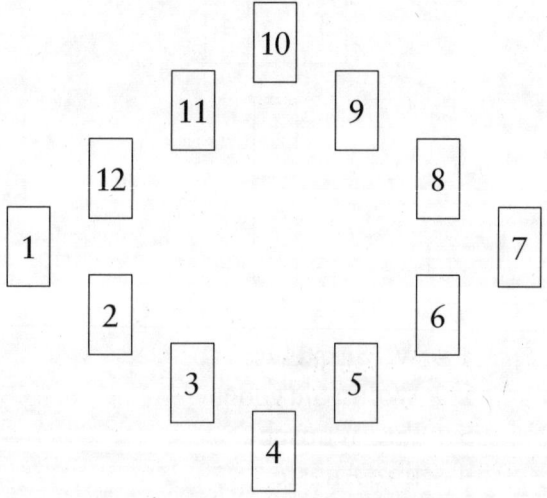

1 – Der Widder in mir: »Was ich bin und wie ich bin.«
2 – Der Stier in mir: »Was ich habe und wie ich etwas habe.«
3 – Die Zwillinge in mir: »Was ich denke und wie ich denke.«
4 – Das Tierkreiszeichen Krebs in mir: »Was ich fühle und wie ich fühle.«
5 – Der Löwe in mir: »Was ich will und wie ich etwas will.«
6 – Die Jungfrau in mir: »Was ich analysiere und wie ich etwas löse.«
7 – Die Waage in mir: »Was ich ausgleiche und wie ich es ausgleiche.«
8 – Der Skorpion in mir: »Was ich begehre und wie ich begehre.«
9 – Der Schütze in mir: »Was ich sehe und wie ich es sehe.«
10 – Der Steinbock in mir: »Was ich nutze (nütze) und wie ich es nutze!«
11 – Der Wassermann in mir: »Was ich weiß und wie ich es weiß.«
12 – Die Fische in mir: »Woran ich glaube und wie ich glaube.«

94.
»Jahreskreis«
Variante 2

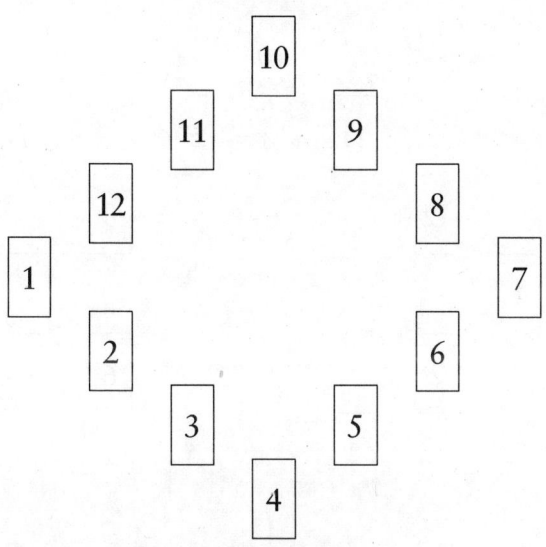

1 – Sie selbst. Möglichkeiten und Absichten.
2 – Die finanzielle Situation. Erwerbungen.
3 – Die nähere Umgebung. Die Familienangehörigen. Neuigkeiten. Kleinere Ortswechsel. Brüder und Schwestern.
4 – Ehe. Familie. Der Vater.
5 – Das Gefühlsleben. Werke und Schöpfungen. Die Kinder.
6 – Arbeit. Gesundheit.
7 – Das äußere Leben des Fragenden. Verbindungen und Vereinigungen. Heirat. Der Ehepartner.
8 – Veränderungen. Gewinne. Tiefgreifende Veränderungen.
9 – Das geistige Leben. Reisen. Höhere Studien. Verwaltung.
10 – Die gesellschaftlichen Ambitionen. Das Ideal. Die Mutter.
11 – Beziehungen und Unterstützungen. Pläne. Hoffnungen.
12 – Prüfungen. Kämpfe. Geheime Dinge.
   Zum Schluß empfiehlt sich besonders, die Quersumme auszurechnen.

95.
»Jahreskreis«
Variante 3

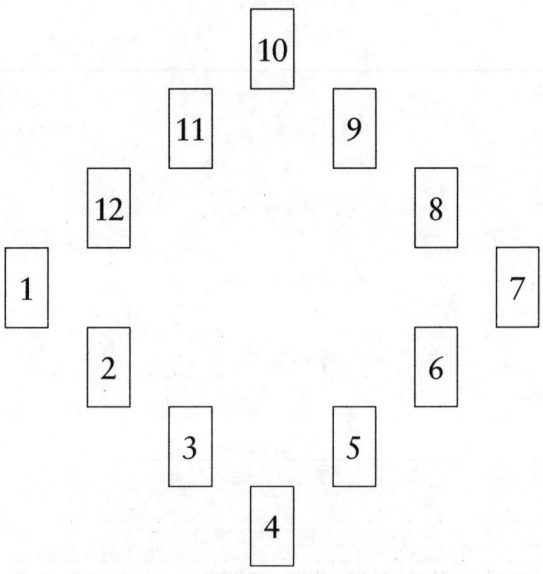

1 – »Wer bin ich?« Persönliche Eigenschaften, Charakter.
2 – »Wie fest stehe ich?« Besitz, Raum.
3 – »Wie leicht kann ich mich bewegen?« Raumerfassung, soziale Beziehung, Kommunikation.
4 – »Wie empfinde ich?« Gefühlsleben, Beziehung zur Mutter, zum Weiblichen.
5 – »Wie drücke ich mich aus?« Ausdrucksfähigkeit, Beziehung zum Vater, zum Männlichen.
6 – »Wie passe ich mich an?« Aussteuerung gegenüber der Umwelt.
7 – »Wie begegne ich anderen?« Beziehung, Gemeinschaft.
8 – »Wovon lasse ich mich leiten?« Leitbilder, Ideen.
9 – »Wie verstehe ich?« Weltauffassung, Weltverständnis, Sinngebung.
10 – »Was bringe ich hervor?« Arbeit, Beruf.
11 – »Was befreit mich?« Lebensbewältigung, Hilfen und Freunde.
12 – »Was erlöst mich?« Das Religiöse, Transzendentale.

96.

»Jahreskreis«
Variante 4

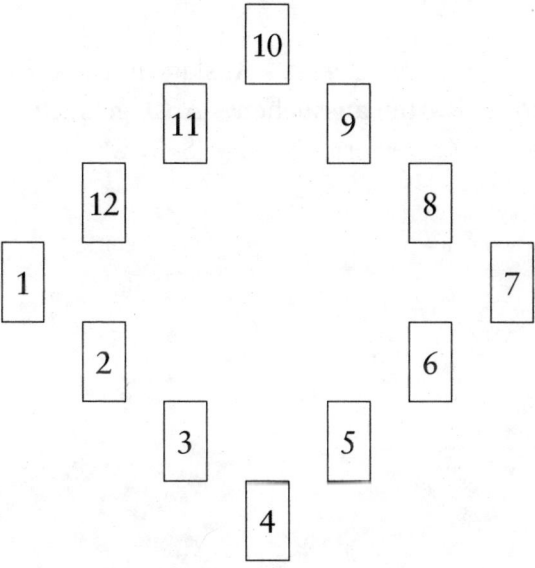

Chancen und Aufgaben im…
1 – Januar
2 – Februar
3 – März
4 – April
5 – Mai
6 – Juni
7 – Juli
8 – August
9 – September
10 – Oktober
11 – November
12 – Dezember

97.
»Weitere Jahreskarten«

Variante 1: Karten ziehen – Auslage nach Wahl
Variante 2: Karten aussuchen – Auslage nach Wahl
Variante 3: Karten errechnen (s. Seite 28)

Quellenangaben (Herkunftshinweise) zu einzelnen Legemustern, vgl. Anmerkungen S. 193 ff.

98.

»Tarot-Tableau«

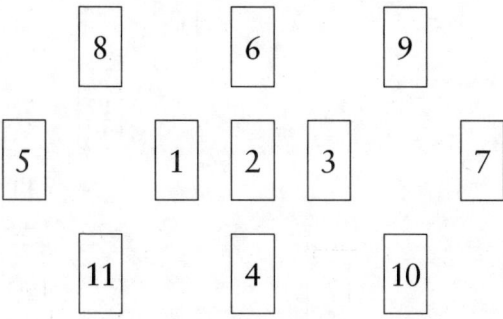

1 – Der/die Fragende, Gegenstand der Frage, Thema, Signifikator.
2 – Die deckende Karte, das, was die Frage oder den/die Fragende unmittelbar berührt.
3 – Gegensatz- oder Ergänzungskarte.

Die ersten drei Karten bilden den Kern der Frage.

4 – Gegenwärtige Situation, Ausgangssituation der Frage.
5 – Wurzel, Vergangenheit, die Basis, aus der die Frage wächst.
6 – Unmittelbare Zukunft, nächste Aussichten.
7 – Ausblick, weitere Entwicklung unter Berücksichtigung aller anderen aufliegenden Karten.
8 – Selbst, innere Kraft, die eigene Tiefe, das Unbewußte.
9 – Hoffnung oder Ängste, die Gefühle zur Frage.
10 – Umgebung und Einflüsse von außen.
11 – X-Faktor, d. h. eine Kraft, die bereits wirksam ist, auf die Sie besonders aufmerksam gemacht werden, weil sie im Zusammenhang mit der Frage zunehmend wichtiger wird.

99.
»Keltisches oder Sonnenkreuz«
Variante 1

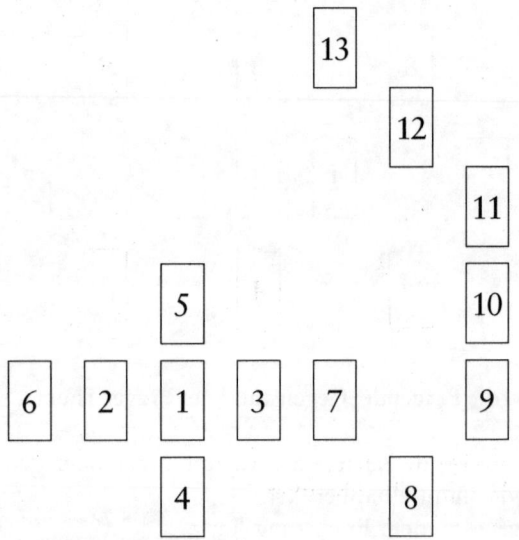

1 – Thema der Frage, Sie selbst
2 – Positive Ergänzung zu 1
3 – Negative Ergänzung zu 1
4 – Wurzel, Basis, Stütze
5 – Krone, Chance, Tendenz
6 – Vergangenheit oder das, was schon da ist
7 – Zukunft oder das, was neu zu beachten ist
8 – Zusammenfassung der Positionen 1–7; Ihre innere Kraft, Ihr Unbewußtes
9 – Hoffnungen und Ängste
10 – Umgebung und Einflüsse von außen; Ihre Rolle nach außen
11, 12, 13 – Resümee oder ein Faktor, auf den Sie besonders aufmerksam gemacht werden, der bereits vorhanden ist und der für Ihre Frage besondere Bedeutung gewinnen wird.

100.
»Keltisches oder Sonnenkreuz«
Variante 2

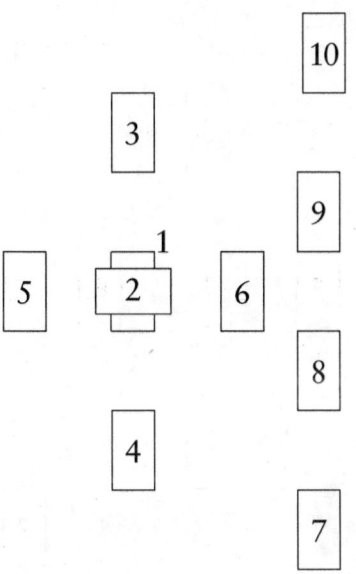

1 – Das umhüllt, umgibt Sie (bzw. Ihre Fragestellung)
2 – Das kreuzt Sie
3 – Das krönt Sie
4 – Das liegt unterhalb von Ihnen
5 – Das liegt hinter Ihnen
6 – Das liegt vor Ihnen
7 – Das sind Sie selbst
8 – Das ist Ihre Umgebung
9 – Das sind Ihre Hoffnungen und Ängste
10 – Das wird zu Ihnen kommen

101.
»Keltisches oder Sonnenkreuz«
Variante 3

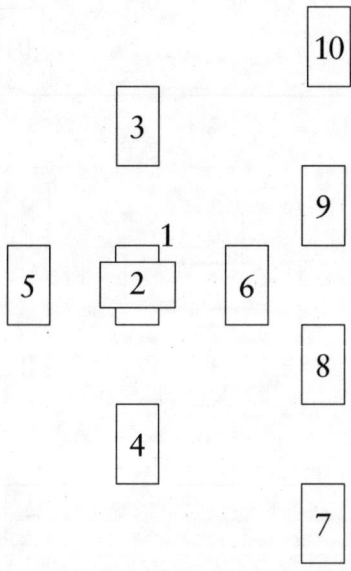

1 – Ausgangspunkt, Thema der Frage
2 – Kreuzkarte, Gegensatz oder Ergänzung zu 1
3 – Chancen, Krönung, bewußte Seite
4 – Wurzel, Basis, unbewußte Seite
5 – Vergangenheit
6 – Zukunft
7 – Ihre innere Kraft, Ihre innere Einstellung
8 – Hoffnungen und Ängste
9 – Einflüsse von außen, Ihr Verhalten nach außen
10 – Ergebnis, Ziel, Aufgabe

102.
»Keltisches oder Sonnenkreuz«
Variante 4

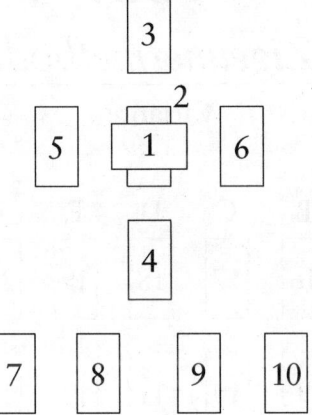

1 – Ausgangspunkt, Thema der Frage
2 – Kreuzkarte, Gegensatz oder Ergänzung zu 1
3 – Chancen, Krönung, bewußte Seite
4 – Wurzel, Basis, unbewußte Seite
5 – Vergangenheit
6 – Zukunft
7 – Ihre innere Kraft, Ihre innere Einstellung
8 – Hoffnungen und Ängste
9 – Einflüsse von außen, Ihr Verhalten nach außen
10 – Ergebnis, Ziel, Aufgabe

LEGEMUSTER

X. Große Auslagen

103.

»Zigeunermethode«
Variante 1

	A	B	C	D	E	F	G
III	15	16	17	18	19	20	21
II	8	9	10	11	12	13	14
I	1	2	3	4	5	6	7

I – Vergangenheit
II – Gegenwart
III – Zukunft

A – Arbeit & Erfolg
B – Pläne & Absichten
C – Glück oder Unglück
D – Freunde & Unterstützung
E – Liebe & Erotik
F – Familie
G – Persönliches Befinden

104.

»Zigeunermethode«
Variante 2

Ziehen Sie aus dem Stoß 21 Karten, die entweder offen ausgelegt werden oder zunächst verdeckt und dann bei der Deutung einzeln aufgedeckt werden:

G	F	E	D	C	B	A
7	6	5	4	3	2	1
14	13	12	11	10	9	8
21	20	19	18	17	16	15

Eine Dreiersäule stellt jeweils ein zusammenhängendes Bild dar. Die Säulen haben die folgende Bedeutung:

A – Ihre seelische Verfassung.
B – Ihr häusliches Leben.
C – Ihre derzeitigen Wünsche, Hoffnungen. Ihre Frage.
D – Ihre Erwartung in dieser Angelegenheit.
E – Was Sie nicht erwarten. Was Sie überrascht.
F – Ihre unmittelbare Zukunft.
G – Das Ergebnis und längerfristige Aussichten.

105.

»Pyramide«
Variante 1

```
            10

        8       9

      5    6    7

    1   2   3   4
```

1, 2, 3, 4 – Vergangenheit
5, 6, 7   – Gegenwart
8, 9   – Zukunft
10   – Ergebnis

106.

»Pyramide«
Variante 2

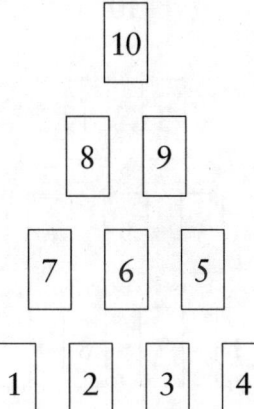

1, 2, 3, 4 – Aufgaben
5, 6, 7   – Hindernisse
8, 9   – Hilfe/Lösung
10   – Ergebnis der Bemühungen

107.
»Wendepunkte«

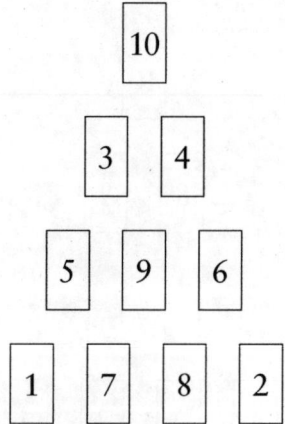

1 – Wurzel/Krone
2 – Angst/Sicherheit
3 – Trauma/Rettungsanker
4 – Fluchtpunkt
5 – Leid/erlöste Trauer
6 – Freude/großes Glück
7 – Prüfung/Vollendung
8 – Fremde/Heimat
9 – Gärung/Klärung
10 – Großes Spiel/Große Aufgaben

Diese Auslage lebt von der Doppeldeutigkeit jeder Karte. So wie Position 4 mit »Fluchtpunkt« einen Punkt bezeichnet, *von* dem man flieht, als auch einen, *zu* dem man hin flieht (das kann derselbe, aber auch ein völlig verschiedener Punkt sein), so verlangt jede Position der Auslage eine doppelte Interpretation.

108.

»Tarot-Tableau 2«

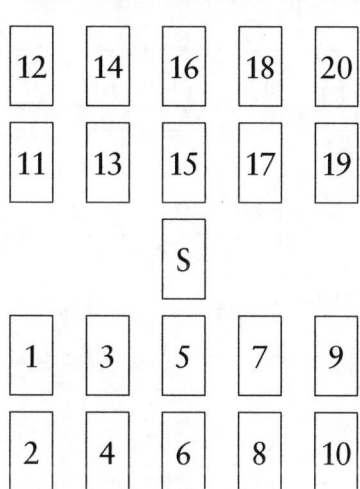

Die Positionsbeschreibungen:
S – Signifikator
1, 2 – Die Situation des Fragenden bezogen auf die materielle Seite, auch wie er diese auffaßt und empfindet.
3, 4 – Die Umgebung, das Umfeld des Fragenden (Familie, Freunde, auch Freundschaften etc.).
5, 6 – Vorhaben, oder was der Fragende zu erreichen sucht, anstrebt oder sich vorgenommen hat.
7, 8 – Einflüsse, die dem oder den Vorhaben des Fragenden entgegenstehen oder entgegenwirken können.
9, 10 – Mögliche Verluste oder Einschränkungen, die den Fragenden an seiner Entfaltung hindern.
11, 12 – Die Aktivitäten des Fragenden, was er selbst unternimmt oder zu realisieren versucht.
13, 14 – Wünsche, Hoffnungen oder Befürchtungen des Fragenden, die seine Vorstellungskraft bewegen.
15, 16 – Die Erwartungen des Fragenden, das, was er aufgrund seiner Einschätzung der Situation in Kürze auf sich zukommen sieht.
17, 18 – Die nächste Zukunft, was sich als nächstes ereignet und die Bedeutung für den Fragenden ist.
19, 20 – Einflüsse, die für den Fragenden längerfristige Auswirkungen haben werden und damit auch richtungsweisend für den weiteren Verlauf seines Lebens sind.

109.

»Der Fächer«

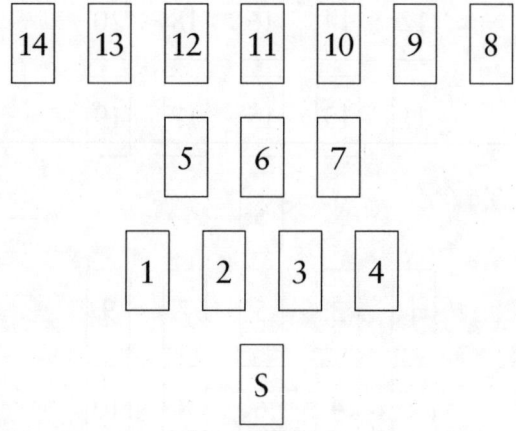

S – Signifikatorkarte, sofern sie vorher herausgelegt worden ist, ansonsten stellt diese Karte das Thema der Legung dar. Sie wird also in jedem Fall mit ausgelegt.

Die Karten 2, 3, 6 und 11 beziehen sich auf den Übergang von der Vergangenheit zur Zukunft und beschreiben Vorgänge der gegenwärtigen Situation.

Die Karten 1, 5, 12, 13 und 14 zeigen Einflüsse aus der Vergangenheit, die noch von weiterer Bedeutung für den Fragenden sind.

Die Karten 4, 7, 8, 9 und 10 beziehen sich auf die Zukunft, auf künftiges Geschehen und weiterführende Wege.

Quellenangaben (Herkunftshinweise) zu einzelnen Legemustern, vgl. Anmerkungen S. 193 ff.

110.

»Golden-Dawn-Divination«

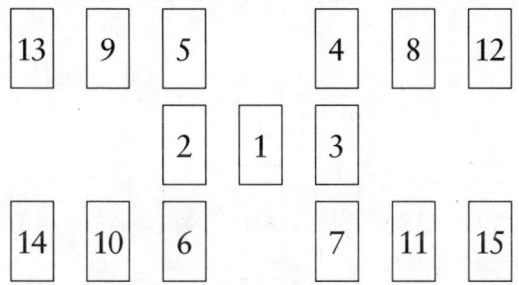

1 – Diese symbolisiert den Fragesteller, seine Probleme, seine gegenwärtige Situation und die hauptsächlichen Einflüsse. Eine Hofkarte (König, Königin, Prinz oder Prinzessin) in dieser Position bezeichnen entweder den Fragesteller oder irgendeinen wichtigen Menschen. Dies trifft besonders dann zu, wenn die Hofkarte dem entgegengesetzten Geschlecht des Fragestellers angehört. Eine Person desselben Geschlechts, die dem Fragesteller aber gar nicht ähnlich sieht, kann ebenfalls einen herausragenden Einfluß auf sein Leben ausüben.

2 und 3 – Diese sind, zusammen mit Karte eins, die Schlüsselkarten bei dieser Methode. Sie geben ausführliche Informationen über Situation und Persönlichkeit des Fragestellers.

4, 8 und 12 – (rechts oben): Diese zeigen an, in welche Richtung sich das Leben des Fragestellers natürlicherweise entwickeln wird, sofern nichts unternommen wird, um den Lauf der Dinge zu ändern (»*Die Sterne drängen, aber sie zwingen nicht*«).

13, 9 und 5 – (links oben): Dies sind die Möglichkeiten, anders zu handeln. Es können wünschenswerte oder nachteilige sein, je nach den übrigen Karten.

14, 10 und 6 – (links unten): Diese Karten helfen dem Fragesteller bei den notwendigen Entscheidungen. Im Fall einer älteren Person, die über das mittlere Alter hinaus ist, bedeuten sie Taten in der Vergangenheit und Ereignisse, die die Frage beeinflussen. Bei jüngeren Personen zeigen sie die Zukunft an.

7, 11 und 15 – (rechts unten): Diese zeigen Kräfte, die jenseits der Kontrolle durch den Fragesteller liegen. Man kann sie nicht verändern, sondern sich nur an sie anpassen.

111.

»Tarot-Tableau 3«

				1			
F	37	38	39	40	41	42	43
E	30	31	32	33	34	35	36
D	23	24	25	26	27	28	29
C	16	17	18	19	20	21	22
B	9	10	11	12	13	14	15
A	2	3	4	5	6	7	8

1 – Persönlichkeitskarte (gezogen oder ausgesucht)
A – Vergangenheit
B – Gegenwart
C – Aktuelle Einflüsse
D – Aktuelle Ziele und Aufgaben
E – Zukunftsmöglichkeiten / Wachstumschancen
F – Lebensziele und Lebensaufgaben

XI. Verschiedenes

112.
»Umkehr«

[2]

[1]

1 – »Das tut mir leid/
   Das mache ich jetzt anders«
2 – »Das hilft dabei«

113.

»Abschied 1«

| 2 | 1 | 3 |

1 – »Das ist die Lage / Der Abschied«
2 – »Das lasse ich los«
3 – »Das ist der nächste Schritt«

114.

»Abschied 2«

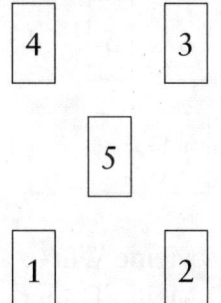

1 – »Das habe ich ursprünglich gewollt«
2 – »So sieht es jetzt aus«
3 – »Davon verabschiede ich mich«
4 – »Das bleibt mir«
5 – »So geht es weiter«

115.
»Abschied 3«

| 6 | 5 | 4 |

| 1 | 2 | 3 |

1 – »Meine Wut«
2 – »Meine Trauer«
3 – »Meine Ohnmacht«
4 – »Meine Wünsche«
5 – »Meine Suche«
6 – »Mein Halt«

116.
»Loslassen, um zu ernten«

| 1 | 2 |

1 – »Das gebe ich auf«
2 – »Das werde ich ernten (erreichen, verwirklichen)«

117.
»Verteufelt...«

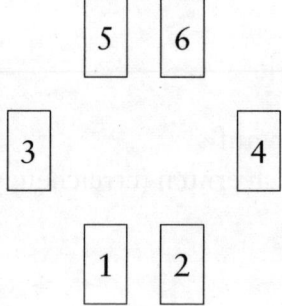

1 – »Das erschreckt mich«
2 – »Das fasziniert mich«
3 – »Davon habe ich genug«
4 – »Darin habe ich Nachholbedarf«
5 – »Das weise ich zurück«
6 – »Daran werde ich mich gewöhnen«

118.
»Mein größtes Laster...«

```
        [ 1 ]

[ 2 ]        [ 3 ]
```

1 – »Laster / Schwäche / Wofür ich eine Schwäche habe«
2 – »Das zieht mich herunter«
3 – »Das gibt mir Grund«

119.
»Meine größte Stärke...«

```
        [ 3 ]

  [ 1 ]       [ 2 ]
```

1 – »Das läßt mir keine Ruhe«
2 – »Das baut mich auf«
3 – »Meine Stärke / Tugend...«

120.
«Mein wichtigstes Talent»

$\boxed{1}$

1 – Antwort jetzt

121.
»Lieblingsauslage«

Wählen Sie Ihre Lieblingsauslage aus.
Oder fertigen Sie selbst ein Legemuster an.

122.
»Ganz persönlich«

Die folgende, schon bekannte Auslage steht diesmal unter der Fragestellung: »Was ich schon immer von mir wissen wollte und was mir niemand anders sagen kann...«

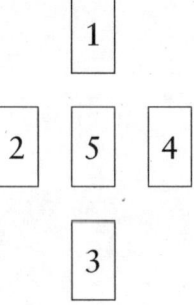

1 – »Wo ich stehe«
2 – »Meine Aufgaben«
3 – »Meine Ängste«
4 – »Welche Einstellung mir weiterhilft«
5 – »Das Ergebnis der Bemühungen«

3. Teil
Praxis:
Tarot und Astrologie

Bildhafte Begriffe

Die Verknüpfung von Tarot und Astrologie bietet interessante Perspektiven. Sie können sich dadurch buchstäblich ein Bild von astrologischen Begriffen und Vorstellungen machen. Und der Bedeutungsgehalt der einzelnen Tarot-Karten wird um eine weitere Dimension bereichert, eben das Erfahrungsgut der Astrologie. Die Kombination dieser beiden Symbolsprachen ist eine relativ neue Angelegenheit. Erst vor rund 100 Jahren entwickelte der »Golden-Dawn-Orden« (Orden der goldenen Morgenröte) ein systematisches Modell, das Tarot und Astrologie vollständig und in sich folgerichtig zusammenbrachte. Wer war dieser Golden-Dawn-Orden, der für die Tarot-Geschichte insgesamt eine wichtige Rolle gespielt hat?

Der Golden-Dawn-Orden

Der Golden-Dawn-Orden war eine Rosenkreuzer-Vereinigung in England. 1888 gegründet, zerfiel er bald nach 1900 wieder. Seine Bedeutung besteht darin, daß der Orden ein *Erbe* der reichhaltigen esoterischen Theoriebildungen des 19. Jahrhunderts war, die er nun seinerseits zusammenzufassen suchte. Die Tarot-Karten spielten dabei zwar nur eine Rolle unter vielen anderen. Die heute gängigsten Tarot-Karten (Rider-/Waite- und Crowley-Tarot, ohne die die Tarot-Welle der letzten 10–20 Jahre nicht vorstellbar wäre) gehen auf Urheber/innen zurück, die zuvor einmal Mitglied im Golden-Dawn-Orden gewesen sind: Pamela Colman Smith und Arthur E. Waite sowie Lady Frieda Harris und Aleister Crowley.

Pamela Colman Smith und Arthur E. Waite – Lady Frieda Harris und Aleister Crowley

Beide dieser Produzentenpaare hielten sich – mit geringen Unterschieden – bei der Konzeption ihrer

Karten an die astrologischen Zuordnungen, die der Golden-Dawn-Orden entwickelt hatte und die hier im folgendem wiedergegeben werden. Deshalb finden sich diese Zuordnungen im Waite-Tarot oftmals im Kartenbild wieder (z. B. Widderzeichen auf der Karte »IV-Der Herrscher«, Stier-Köpfe im Bild des »Münz-König« usw.), und auf den Crowley-Karten sind dieselben fast sämtlich als Zeichen angegeben.

Waite-Tarot

Crowley-Tarot

Beide Symbolsprachen, Tarot und Astrologie, besitzen aber auch ein *Eigenleben*. Erst wenn Sie die Astrologie und das Tarot jeweils für sich selbst sprechen lassen, dann wird eine Verbindung zwischen beiden sinnvoll. Als Allegorie, als bloße Illustration astrologischer Prinzipien würden die Tarot-Bilder verkümmern, und die Astrologie würde verkürzt, wenn sie sich in der Erläuterung der Tarot-Symbolik erschöpfen sollte. Jede Symbolsprache vertritt eine eigene Logik, eine eigene Wahrnehmungsweise; je deutlicher die Unterschiede, desto fruchtbarer die Gemeinsamkeit.

Jede Symbolsprache vertritt eine eigene Logik

Im folgenden werden zunächst die Zusammenhänge zwischen Tarot und Astrologie in den wichtigsten Bezugspunkten dargestellt, anschließend dazu weitere Praxistips.

Definitionen der Tierkreiszeichen

Widder: Ich bin
Stier: Ich habe
Zwillinge: Ich denke
Krebs: Ich fühle
Löwe: Ich will
Jungfrau: Ich analysiere
Waage: Ich gleiche aus
Skorpion: Ich begehre
Schütze: Ich sehe
Steinbock: Ich nutze
Wassermann: Ich weiß
Fische: Ich glaube

Diese Definitionen gehören zum astrologischen Handwerkszeug und werden von fast allen astrologischen Schulen geteilt.

Große Arkana und Tierkreiszeichen

Widder: IV-Der Herrscher (Der Kaiser)
Stier: V-Der Hierophant (Der Hohepriester)
Zwillinge: VI-Die Liebenden
Krebs: VII-Der Wagen
Löwe: VIII/XI-Kraft (Lust)
Jungfrau: IX-Der Eremit
Waage: XI/VIII-Gerechtigkeit (Ausgleichung)
Skorpion: XIII-Tod
Schütze: XIV-Mäßigkeit (Kunst)
Steinbock: XV-Der Teufel
Wassermann: XVII-Stern
Fische: XVIII-Der Mond

In Klammern sind die zum Teil anderslautenden Namen der Karten im Crowley-Tarot angegeben.

Hofkarten und Tierkreiszeichen

Widder: Königin der Stäbe
Stier: König der Münzen (Prinz der Scheiben)
Zwillinge: Ritter der Schwerter
Krebs: Königin der Kelche
Löwe: König der Stäbe (Prinz der Stäbe)
Jungfrau: Ritter der Münzen (Ritter der Scheiben)
Waage: Königin der Schwerter
Skorpion: König der Kelche (Prinz der Kelche)
Schütze: Ritter der Stäbe
Steinbock: Königin der Münzen (Königin der Scheiben)
Wassermann: König der Schwerter (Prinz der Schwerter)
Fische: Ritter der Kelche

In Klammern sind wiederum die Bezeichnungen aus dem Crowley-Tarot angegeben, sofern sie von den üblichen Tarot-Titeln abweichen.

Die *Zuordnung der Hofkarten aus dem Crowley-Tarot* zu den Hofkarten, die wir aus den übrigen Tarot-Sorten kennen, ist nicht eindeutig. Üblicherweise gibt es: Königin, König, Ritter und Bube (= Page, Prinzessin). Bei Crowley dagegen heißen die Hofkarten: Königin, Prinz, Ritter und Prinzessin. Die Frage ist vor allem, wem wird der *Prinz* aus dem Crowley-Tarot zugeordnet – den Königen oder den Rittern aus den üblichen Tarot-Sorten?

Crowleys »andere« Hofkarten

Die Antwort bei Crowley selber (in seinem eigenen Buch, das er als Kommentar zu seinen Karten verfaßt hat) ist *nicht* eindeutig: Auf der einen Seite beschreibt er den *Ritter* als stärkste oder mächtigste der vier Hofkarten; das würde nach traditioneller Auffassung bedeuten, daß Crowley's Ritter dem *König* in den sonstigen Tarot-Spielen entspricht. Auf der anderen Seite aber hat Crowley bei jeder einzelnen Karte die astrologischen Konstellationen angegeben, und auch die inhaltlichen Deutungen seiner Bilder leben, ja, wimmeln von astrologischen Erklärungen und Gedanken (z. B. beschreibt Crowley die Karte »VII-Der Wagen« ganz wesentlich durch die Zuordnung dieser Karte zum Tierkreiszeichen Krebs und durch die Tatsache, daß in diesem Tierkreiszeichen die beiden Planeten Jupiter und Neptun erhöht sind).

Astrologie: Für Crowleys Tarot besonders wichtig

In Crowley's eigenen Tarot-Erklärungen spielt die Astrologie eine herausragende Rolle, und die astrologischen Beschreibungen und Zuordnungen, die Crowley selber seinen Hofkarten beigegeben hat, ergeben folgende Entsprechungen:

Waite- und Marseiller Tarot   *Crowley-Tarot*

Königin   Königin
König   Prinz
Ritter   Ritter
Bube/Page   Prinzessin

Insgesamt ist Crowley's Definition der Hofkarten nicht eindeutig, sondern widersprüchlich. Und das war auch seine Absicht: Er wollte ein eigenes System vorstellen, das sich von allen anderen unterschied. So lassen sich aus Crowley's Kommentar unterschiedliche Schlußfolgerungen ableiten. Unter astrologischen Gesichtspunkten, und die interessieren uns an dieser Stelle, ergibt sich jedoch *eindeutig* die obige Gegenüberstellung, wonach der Ritter aus dem Crowley-Tarot dem Ritter in den sonstigen Tarot-Sorten und der Prinz aus dem Crowley-Tarot dem König aus den sonstigen Tarot-Spielen entspricht.

Ritter ist Ritter, und Prinz ist König

Die Karten für die astrologischen »Planeten«

Zehn »Planeten«

Sonne und Mond gelten in den Begriffen der Astrologie auch als Planeten. Wir geben die »Planeten« hier in der Reihenfolge von innen nach außen an. (Der Planetoid Chiron ist dabei nicht berücksichtigt. Planetoiden gibt es außer Chiron noch mehrere Tausende, die ebenfalls in Betracht gezogen werden müßten.)

Sonne: XIX-Die Sonne
Merkur: I-Der Magier
Venus: III-Die Herrscherin (Die Kaiserin)
Mond: II-Die Hohepriesterin
Mars: XVI-Der Turm
Jupiter: X-Rad des Schicksals (Glück)
Saturn: XXI-Die Welt (Das Universum)
Uranus: XXII/0-Der Narr
Neptun: XII-Der Gehängte
Pluto: XX-Gericht (Das Äon)

Regentschaft und Erhöhung

Jeder astrologische Planet besitzt ein oder zwei Tierkreiszeichen, in dem oder in denen er zuhause ist und »regiert«. Daneben besitzen aber auch fast alle Planeten ein weiteres Tierkreiszeichen, in dem sie »*erhöht*« sind. Diese »Erhöhung« der Planeten gehört seit langem zum klassischen Handwerkszeug der Astrologie; dennoch ist sie vielfach unbekannt. Aber ohne Berücksichtigung der »Erhöhung« lassen sich sowohl Tierkreiszeichen wie auch »Planeten« in ihrer Charakteristik nur unvollständig verstehen.

Erhöhung: Eine besonders starke Position

In der erhöhten Position sind der betreffende Planet wie das betroffene Zeichen besonders *stark*. Die nachfolgende Tabelle gibt eine Zusammenstellung der geltenden »Erhöhungen«:

»*Planet*«	herrscht	und ist erhöht in
Sonne	Löwe	Widder
Merkur	Zwillinge und Jungfrau	Jungfrau
Venus	Stier und Waage	Fische
Mond	Krebs	Stier
Mars	Widder	Steinbock
Jupiter	Schütze	Krebs
Uranus	Wassermann	Skorpion
Neptun	Fische	Krebs
Pluto	Skorpion	Löwe

Die Dekaden und ihre Karten

Ein weiteres klassisches Instrument der Astrologie ist die Einteilung des Jahreskreises in 36 Abschnitte von jeweils rund 10 Tagen. Jedes Tierkreiszeichen umfaßt drei solcher *Dekaden*. Und jede Dekade besitzt einen »Dekadenherrscher« (oder eine Dekadenherrscherin). Eine interessante Reise durch den Jahreskreis und eine wichtige Bestimmung der Zeitqualitäten:

Die 36 Dekaden des Jahreskreis

Die Frühlings-Dekaden

21.3. – 31.3.
Mars in Widder
Stab 2

1.4. – 10.4.
Sonne in Widder
Stab 3

11.4. – 20.4.
Venus in Widder
Stab 4

21.4. – 30.4.
Merkur in Stier
Münz 5 (5 Scheiben)

1.5. – 10.5.
Mond in Stier
Münz 6 (6 Scheiben)

11.5. – 20.5.
Saturn in Stier
Münz 7 (7 Scheiben)

21.5. – 31.5.
Jupiter in Zwillinge
Schwert 8

1.6. – 10.6.
Mars in Zwillinge
Schwert 9

11.6. – 21.6.
Sonne in Zwillinge
Schwert 10

Die Sommer-Dekaden

22.6. – 1.7.
Venus in Krebs
Kelch 2

2.7. – 12.7.
Merkur in Krebs
Kelch 3

13.7. – 22.7.
Mond in Krebs
Kelch 4

23.7. – 2.8.
Saturn in Löwe
Stab 5

3.8. – 12.8.
Jupiter in Löwe
Stab 6

13.8. – 22.8.
Mars in Löwe
Stab 7

23.8. – 2.9.
Sonne in Jungfrau
Münz 8 (8 Scheiben)

3.9. – 12.9.
Venus in Jungfrau
Münz 9 (9 Scheiben)

13.9. – 22.9.
Merkur in Jungfrau
Münz 10 (10 Scheiben)

Die Herbst-Dekaden

23.9. – 2.10.
Mond in Waage
Schwert 2

3.10. – 12.10.
Saturn in Waage
Schwert 3

13.10. – 22.10
Jupiter in Waage
Schwert 4

23.10. – 1.11.
Mars in Skorpion
Kelch 5

2.11. – 11.11.
Sonne in Skorpion
Kelch 6

12.11. – 21.11.
Venus in Skorpion
Kelch 7

22.11. – 1.12.
Merkur in Schütze
Stab 8

2.12. – 11.12.
Mond in Schütze
Stab 9

12.12. – 20.12.
Saturn in Schütze
Stab 10

Die Winter-Dekaden

21.12. – 30.12.
Jupiter in Steinbock
Münz 2 (2 Scheiben)

31.12. – 9.1.
Mars in Steinbock
Münz 3 (3 Scheiben)

10.1. – 19.1.
Sonne in Steinbock
Münz 4 (4 Scheiben)

20.1. – 29.1.
Venus in Wassermann
Schwert 5

30.1. – 8.2.
Merkur in Wassermann
Schwert 6

9.2. – 18.2.
Mond in Wassermann
Schwert 7

19.2. – 28.2./29.2.
Saturn in Fische
Kelch 8

1.3. – 10.3.
Jupiter in Fische
Kelch 9

11.3. – 20.3.
Mars in Fische
Kelch 10

Übersicht

Datum	Tierkreis-zeichen	Zugehörige Große Karte	Zugehörige Hofkarte
21. 3.–20. 4.	Widder	IV – Der Herrscher (Der Kaiser)	Stab-Königin
21. 4.–20. 5.	Stier	V – Der Hierophant (Der Hohepriester)	Münz-König (Prinz der Scheiben)
21. 5.–21. 6.	Zwillinge	VI – Die Liebenden	Schwert-Ritter
22. 6.–22. 7.	Krebs	VII – Der Wagen	Kelch-Königin
23. 7.–22. 8.	Löwe	VIII – Kraft (XI – Lust)	Stab-König (Prinz der Stäbe)
23. 8.–22. 9.	Jungfrau	IX – Der Eremit	Münz-Ritter (Ritter der Scheiben)
23. 9.–22.10.	Waage	XI – Gerechtigkeit (VIII – Ausgleichung)	Schwert-Königin
23. 10.–21. 11.	Skorpion	XIII – Tod	Kelch-König (Prinz der Kelche)
22. 11.–20. 12.	Schütze	XIV – Mäßigkeit (Kunst)	Stab-Ritter
21. 12.–19. 1.	Steinbock	XV – Der Teufel	Münz-Königin (Königin der Scheiben)
20. 1.–18. 2.	Wassermann	XVII – Der Stern	Schwert-König (Prinz der Schwerter)
19. 2.–20. 3.	Fische	XVIII – Der Mond	Kelch-Ritter

Zugehörige Zahlenkarten	Karte des »regierenden« Planeten	Karte des »erhöhten« Planeten
Stab 2–4	XVI – Der Turm	XIX – Die Sonne
Münz 5–7 (Scheiben 5–7)	III – Die Herrscherin (Die Kaiserin)	II – Die Hohepriesterin
Schwert 8–10	I – Der Magier	–
Kelch 2–4	II – Die Hohepriesterin	X – Rad des Schicksals/Glück u. XII – Der Gehängte
Stab 5–7	XIX – Die Sonne	XX – Gericht (Das Äon)
Münz 8–10 (Scheiben 8–10)	I – Der Magier	I – Der Magier
Schwert 2–4	III – Die Herrscherin (Die Kaiserin)	XXI – Die Welt (Das Universum)
Kelch 5–7	XX – Gericht (Das Äon)	XXII/0 – Der Narr
Stab 8–10	X – Rad des Schicksals (Glück)	–
Münz 2–4 (Scheiben 2–4)	XXI – Die Welt (Das Universum)	XVI – Der Turm
Schwert 5–7	XXII/0 – Der Narr	–
Kelch 8–10	XII – Der Gehängte	III – Die Herrscherin (Die Kaiserin)

Astrologische Definitionen der Tarot-Karten

Große Arkana / Trumpfkarten

I-Der Magier	Merkur
II-Die Hohepriesterin	Mond
III-Die Herrscherin (Die Kaiserin)	Venus
IV-Der Herrscher (Der Kaiser)	Widder
V-Der Hierophant (Der Hohepriester)	Stier
VI-Die Liebenden	Zwillinge
VII-Der Wagen	Krebs
VIII/XI-Kraft (Lust)	Löwe
IX-Der Eremit	Jungfrau
X-Rad des Schicksals (Glück)	Jupiter
XI/VIII-Gerechtigkeit (Ausgleichung)	Waage
XII-Der Gehängte	Neptun
XIII-Tod	Skorpion
XIV-Mäßigkeit (Kunst)	Schütze
XV-Der Teufel	Steinbock
XVI-Der Turm	Mars
XVII-Der Stern	Wassermann
XVIII-Der Mond	Fische
XIX-Die Sonne	Sonne
XX-Gericht (Das Äon)	Pluto
XXI-Die Welt (Das Universum)	Saturn
0 (XXII)-Der Narr	Uranus

Stäbe

Königin der Stäbe .... Widder
König/Prinz der Stäbe ... Löwe
Ritter der Stäbe .... Schütze
Page/Bube/Prinzessin
der Stäbe .... Frühlingsanfang
As der Stäbe
Stab 2 .... Mars in Widder
Stab 3 .... Sonne in Widder
Stab 4 .... Venus in Widder
Stab 5 .... Saturn in Löwe
Stab 6 .... Jupiter in Löwe
Stab 7 .... Mars in Löwe
Stab 8 .... Merkur in Schütze
Stab 9 .... Mond in Schütze
Stab 10 .... Saturn in Schütze

Kelche

Königin der Kelche ...... Krebs
König/Prinz der Kelche .. Skorpion
Ritter der Kelche .... Fische
Page/Bube/Prinzessin
der Kelche .... Sommeranfang
As der Kelche
Kelch 2 .... Venus in Krebs
Kelch 3 .... Merkur in Krebs
Kelch 4 .... Mond in Krebs
Kelch 5 .... Mars in Skorpion
Kelch 6 .... Sonne in Skorpion
Kelch 7 .... Venus in Skorpion
Kelch 8 .... Saturn in Fische
Kelch 9 .... Jupiter in Fische
Kelch 10 .... Mars in Fische

Schwerter

Königin der Schwerter ...	Waage
König/Prinz der Schwerter	Wassermann
Ritter der Schwerter	Zwillinge
Page/Bube/Prinzessin der Schwerter	Herbstanfang
As der Schwerter	
Schwert 2	Mond in Waage
Schwert 3	Saturn in Waage
Schwert 4	Jupiter in Waage
Schwert 5	Venus in Wassermann
Schwert 6	Merkur in Wassermann
Schwert 7	Mond in Wassermann
Schwert 8	Jupiter in Zwillinge
Schwert 9	Mars in Zwillinge
Schwert 10	Sonne in Zwillinge

Münzen/Scheiben

Königin der Münzen/Scheiben	Steinbock
König der Münzen/Prinz der Scheiben	Stier
Ritter der Münzen/Scheiben	Jungfrau
Page/Bube/Prinzessin der Münzen/Scheiben	Winteranfang
As der Münzen/Scheiben	
Münzen/Scheiben 2	Jupiter in Steinbock
Münzen/Scheiben 3	Mars in Steinbock
Münzen/Scheiben 4	Sonne in Steinbock
Münzen/Scheiben 5	Merkur in Stier
Münzen/Scheiben 6	Mond in Stier
Münzen/Scheiben 7	Saturn in Stier
Münzen/Scheiben 8	Sonne in Jungfrau
Münzen/Scheiben 9	Venus in Jungfrau
Münzen/Scheiben 10	Merkur in Jungfrau

Anwendungsmöglichkeiten

Für jeden Planeten, jede Dekade und insbesondere jedes Tierkreiszeichen besitzen Sie nun eine oder mehrere Tarot-Karten, die Sie als bildhaft-symbolische Interpretation der astrologischen Prinzipien hinzuziehen können. Akzeptieren Sie es, wenn Sie Widersprüche zwischen gängigen astrologischen Vorstellungen und der Tarot-Symbolik feststellen. So wird z. B. der Saturn oftmals noch als »alter Griesgram« verstanden, was scheinbar wenig zu der dem Saturn zugeordneten Tarot-Karte »XXI-Die Welt (Das Universum)« paßt. Doch, Vorsicht. Die Bedeutungen sowohl des mythologischen Saturn/Chronos wie auch der Tarot-Karte »XXI-Die Welt (Das Universum)« sind wesentlich vielfältiger – und stimmen nicht nur auf den zweiten Blick miteinander überein.

Behutsame Annäherungen

Hier lohnt es sich, behutsam vorzugehen. Astrologische Begriffe und Tarot-Bilder gewinnen durch die jeweiligen Zuordnungen weitere Dimensionen. Forschen Sie danach, und lassen Sie sich inspirieren.

In welcher der angegebenen Dekaden befinden Sie sich gegenwärtig? In welcher Dekade liegt Ihr Geburtstag? In welcher die Feiertage von Ihnen nahestehenden Menschen?

Aktuelle Dekade

Durch die Kenntnis der traditionellen Dekaden erfahren Sie zugleich die inhaltliche Differenzierung, die Bandbreite *innerhalb* eines jeden Tierkreiszeichen.

Bandbreite innerhalb eines Tierkreiszeichens

Dieses und anderes »Handwerkszeug« gibt Ihnen außerdem die Möglichkeit, astrologische Aussagen besser zu überprüfen.

Beobachten Sie einmal die 36 Dekaden während eines ganzen Jahres. Legen Sie sich die betreffende Karte für die jeweils aktuelle Dekade aus, und beobachten Sie, welche Themen und Chancen die gerade laufende Dekade Ihnen persönlich bietet.

Qualität der Zeit – Magie des Augen-Blicks

Persönliche Glückskarte

Errechnen Sie Ihre persönliche *Glückskarte*. So wird's gemacht:

Sie nehmen die Große Karte, die zu »Ihrem« Tierkreiszeichen gehört, sowie die Große Karte, welche Ihrem Aszendenten zugehört. Die Summe der beiden Ziffern gibt eine dritte Große Tarot-Karte an – das ist *Ihre* persönliche Glückskarte.

Beispiele: Widder + Aszendent Stier = persönliche Glückskarte IX-Der Eremit (Widder = Große Karte IV; Stier = Große Karte V; IV + V = IX, und die Große Karte IX ist »Der Eremit«). Stier + Aszendent Schütze = persönliche Glückskarte XIX-Die Sonne (Stier = Große Karte V; Schütze = Große Karte XIV; V + XIV = XIX).

Skorpion + Aszendent Krebs = persönliche Glückskarte XX-Das Äon (Skorpion = Große Karte XIII; Krebs = Große Karte VII; XIII + VII = XX).

Zur Beachtung: Wenn die Addition der zugehörigen Großen Karten von Tierkreiszeichen und Aszendenten zu einer Summe führt, *die größer als 22 ist*, wird nicht die Quersumme gebildet, sondern im Kreis der 22 Großen Tarot-Karten weitergezählt. Beispiel: Wassermann + Aszendent Steinbock = persönliche Glückskarte X-Rad des Schicksals/Glück (Wassermann = Große Karte XVII; Steinbock = Große Karte XV; XVII + XV = 32 = 22 (einmal den Kreis aller Großen Tarot-Karten durch) + 10; X = Rad des Schicksals/Glück.

Fische + Aszendent Zwillinge = persönliche Glückskarte II-Die Hohepriesterin (Fische = Große Karte XVIII; Zwillinge = Große Karte VI; XVIII + VI = 24 = 22 + II).

Mehr zu einer weiteren Glückskarte auf S. 35

Jungfrau + Aszendent Wassermann = persönliche Glückskarte IV-Der Herrscher/Der Kaiser (Jungfrau = Große Karte IX; Wassermann = Große Karte XVII; XVII + IX = 26 = 22 + IV) usw.

Anmerkungen zu »Tarot & Astrologie

1. Das Modell zur Verknüpfung von Tarot und Astrologie, das vor rund 100 Jahre der Golden Dawn-Orden entwickelte, ist das *einzige* in sich komplette und widerspruchsfreie System zur Kombination dieser Symbolsprachen. In der Literatur existiert daneben fast ein Dutzend weiterer Kombinationsversuche von Tarot und Astrologie, die jedesmal jedoch unvollständig geblieben sind.

Große Vorteile des Golden-Dawn-Systems

2. Bei den *Dekaden* werden hier die traditionellen »Dekadenherrscher« der sogenannten »hellenistischen Astrologie« angegeben. Diese war und ist in Europa am einflußreichsten, daneben gibt es die etwas anders verteilten »Dekadenherrscher« der sogenannten »indischen Astrologie«.

Verschiedene Dekadenherrscher

3. Die *Datumsgrenzen*, die den Übergang vom einen zum anderen Tierkreiszeichen kennzeichnen, variieren mitunter. Wer z. B. am 23.09. Geburtstag hat, findet sich manchmal in astrologischen Tabellen als »Jungfrau« und manchmal als »Waage« wieder. Sicher ist, daß Geburtstage und andere Anlässe, die direkt auf oder kurz vor oder nach einer solchen Datumsgrenze stattfinden, *immer* vom *Übergang* der beiden Tierkreiszeichen gekennzeichnet sind. Beispiel: Der Übergang vom »Wassermann« zu den »Fischen« (ca. 18./19.2.) bedeutet den Übergang von »Wissen« zu »Glauben« (Definition des Wassermanns »Ich weiß« und die der Fische »Ich glaube«).

Grenzfälle: Zwischen zwei Tierkreiszeichen

Der Übergang von einem Tierkreiszeichen zum folgenden ist also durch ein bestimmtes Thema gekennzeichnet, und wer mit diesem Datum zu tun hat, ist auch von diesem Thema betroffen.

4. Wie weithin bekannt, hat der Golden-Dawn-Orden die Umstellung der Großen Karten VIII und XI

Umstellung der großen Karten VIII und XI

eingeführt, die heute auch im Waite-Tarot und vielen anderen Tarot-Sorten enthalten ist (traditionell VIII=Gerechtigkeit und XI=Kraft; Umstellung: VIII=Kraft und XI=Gerechtigkeit). Wenn Quersummen oder z. B. die angegebene Persönliche Glückskarte errechnet werden, macht es natürlich ein Unterschied für Löwe und Waage, welche Zählweise benutzt wird.

Es hat über die Frage welche der Numerierungsarten die »richtige« sei, in der Tarot-Literatur einen zum Teil erbitterten, aber auch nutzlosen Streit gegeben.

Wir empfehlen, die Ziffernfolge so zu belassen, wie sie in Ihren persönlichen Karten enthalten ist. Am praktischsten ist es, wenn Sie Ihre Sorte Tarot auch in der Numerierung so nehmen wie sie ist.

Anmerkungen
& Literaturhinweise

ANMERKUNGEN

S. 17: **Untertitel auf den Tarot-Karten:** Vorsicht vor Untertiteln wie »Erfolg«, »Reichtum«, »Enttäuschung«, »Vergeblichkeit« usw. Diese aufgedruckten Interpretationen sind als alleinige Beschreibung der betreffenden Karten völlig unzureichend.

S. 22: **Zu den vier Farbreihen** vgl. auch die Assoziationen auf S. 38 sowie die ausführliche Beschreibung, in: E. Bürger/J. Fiebig: Tarot – Wege des Glücks (Die Bildersprache des Waite-Tarot). Königsförde ²1994, S. 96 ff.

S. 28: **Errechnen einer Jahreskarte:** Selten wird in der Literatur der Vorschlag gemacht, nach demselben Muster auch die Tageskarte zu errechnen. Davon ist abzuraten. Allein schon, weil dadurch nur die 22 Großen Karten die Chance zur Tageskarte hätten.

S. 29: **Rachel Pollack:** Tarot – 78 Stufen der Weisheit, München 1985, S. 43.

S. 35: **Die Glückskarte:** Setzen Sie sich zuerst gründlich (ggf. über einen längeren Zeitraum) mit Ihrer Streßkarte auseinander. Finden Sie heraus, was an der Karte bezeichnend für Streßmomente im Alltag ist. Welcher Streß ist tatsächlich belastend und unfruchtbar? Welche positiven Seiten besitzt jedoch die Streßkarte? Gibt es möglicherweise auch Vorteile, indirekte Wünsche oder heimliche Bedürfnisse, die sich hinter dem Streß verbergen? – Insgesamt erweist sich die Streßkarte, bzw. die Auseinandersetzung damit als wichtige Wachstumskraft...

Darauf aufbauend können Sie Ihre *Glückskarte* um so mehr nutzen und genießen: Die Glückskarte ist *ein* Schritt über die Streßkarte hinaus (Streßkarte + 1). Beispiele: Streßkarte = Stab 5; Glückskarte = Stab 6. Streßkarte = XV – Der Teufel; Glückskarte = XVI – Der Turm. Streßkarte = Schwert 10; Glückskarte = Schwert-As (nach der Zehn beginnt ein neuer Kreis wieder beim As). Ist die Streßkarte eine Hofkarte, bezieht sich die Angabe »einen Schritt weiter« auf die für Sie übliche Reihenfolge der Hofkarten (z. B. Königin – König – Ritter – Bube/Page; auf die letzte schließt sich wieder die erste in der Reihenfolge an).

Eine weitere *Glückskarte*, s. unter »Tarot und Astrologie«, S. 190.

S. 35: **Pfortenkarten,** vgl. Rachel Pollack, a. a. O., S. 184.

S. 45: **Die vier Elemente im Tanztheater:** Vgl. die Schriften von Rudolf Laban.

S. 45: **Tarot und I-Ging:** Vgl. zum Beispiel Lothar Teikemeier: I-Ging = Tarot. Bonn 1988 (Selbstverlag).

S. 48: **Augentraining:** Vgl. u. a. Lisette Scholl: Das Augenübungsbuch. Leitfaden für einen ganzheitlichen Weg zum besseren Sehen. Berlin 1981 und weitere Ausgaben. – Jürgen Stock: Die Verzauberung des Augenblicks. Freiburg 1995. – Wolfgang Hätscher-Rosenbauer: Die 3-D-Sehschule. München 1994. – Johannes Fiebig: Die Magie des Augen-Blicks. Tarot zwischen Esoterik und »magischem Auge«. Unveröffentl. Manuskript 1994.

S. 48: **Tarot und Kunst:** Italo Calvino: das Schloß, darin sich Schicksale kreuzen. München 1984. – Mike Batt: Tarot-Suite. – Salvador Dalí: Tarot Universal Dalí. –

Vgl. auch: Claudia Benz: Tarot (Gedichte). Trier 1990. – Serge Bramley: Tarot des Narren. Stuttgart 1986: – Frederik Hetmann: Madru oder der große Wald. Köln 1984. – Deutsches Spielkartenmuseum (Hg. Detlef Hoffmann und Margot Dietrich): Tarot – Art. Zeitgenössische Künstler gestalten das alte Tarock. Leinfelden-Echterdingen 1989 – u. v. a. m.

S. 48: **Tarot in Gruppen:** Vgl. Johannes Fiebig: Arbeitsblätter Tarot. Köln 1987. – Mario Montano: Poker mit dem Unbewußten. Praxis des intuitiven Tarot. Freiburg 1990. – Ulrike Dahm: Abenteuer Tarot. Spiele und Anleitungen für alle Lebenslagen. München 1993.

S. 48 f.: **Assoziatives und meditatives Kartenlegen:** Zuerst in: E. Bürger/J. Fiebig: Tarot – Spiegel Deiner Möglichkeiten. Bonn 1984, S. 22. – Einen ähnlichen Ansatz wie das Assoziative Kartenlegen verfolgt Rachel Pollack unter der Bezeichnung »Zyklus der Arbeit« in ihrem o. g. Buch. S. 339 ff.

S. 51: **Die 78 Karten als Netzwerk:** Grundlegend dazu: Johannes Fiebig: Tarot – Andere Wege im Alltag. Bonn 1987, Kapitel »Die Karten als Wegführer«.

S. 60 **Tageskarte:** Diese Übung wurde erstmalig vorgeschlagen in: E. Bürger/J. Fiebig: Tarot – Spiegel Deiner Möglichkeiten, a. a. O., S. 16; Tageskarten-Varianten zum ersten Mal in: J. Fiebig: Tarot – Andere Wege im Alltag, a. a. O., S. 118. Heute gilt die Tageskarte als eine der schönsten und wichtigsten Übungen, die zugleich typisch ist für das neue Tarot-Kartenlegen. Vgl. z. B. Hajo Banzhaf: Tarot für den Tag, in: esotera 9/94, S. 71 ff.: »Den Blick auf Wichtiges zu lenken, das oft im Verborgenen liegt, das vermag die Tarot-Tageskarte. (...) Ihn (den Alltag) bewußt wahrzunehmen und zu gestalten, heißt, intensiver zu leben.«

S. 67 ff.: **Auslage »Kreuz«, verschiedene Varianten:** Dieses Legemuster geht ursprünglich auf Oswald Wirth (1860–1943), einen der Meister der klassisch-esoterischen Tarot-Interpretation, zurück. Es wird in der heutigen Literatur in zahlreichen Varianten benutzt. Vgl. auch Auslage Nr. 18.

S. 73: **Auslage »Das Wegekreuz«:** Mit Änderungen zitiert aus: Günter A. Hager: Tarot – Wege zum Leben. Handbuch zum Arcus Arcanum-Tarot. Neuhausen 1988, S. 154.

S. 74: **Auslage »Trendbefragung«:** Mit Änderungen zitiert aus: Colette Silvestre-Haeberle: Tarot – Spiegel des Schicksals. Neuhausen 1986, S. 131; dort unter der Bezeichnung »Die Hufeisen-Auslage«.

S. 76: **Lieblingskarte:** Vgl. S. 34.

S. 79: **Auslage »Tarot-Magie«:** Diese geht zurück auf: Mario Montano, a. a. O., S. 266.

S. 80 f.: **Assoziatives und meditatives Kartenlegen:** Vgl. Anmerkung zu S. 48 f.

ANMERKUNGEN

S. 82: »Zauberspruch der Zigeuner«: Ein Klassiker unter den Legemustern, der in verschiedenen Varianten verbreitet ist.

S. 84: »Das Kirchhof-Spiel«: Diese Auslage stammt von: Bill Butler: Dictionary of the Tarot. New York 1975, S. 206, dort unter der Bezeichnung »The Churchyard Spread« (Die Kirchhof-Auslage). Auch unter der Bezeichnung »Das Narrenspiel« (H. Banzhaf) bekannt.

S. 85–87: Vgl. zu diesen Auslagen: J. Fiebig: Tarot – Andere Wege im Alltag, a. a. O.

S. 89: Streßkarte/Glückskarte: Vgl. Anmerkung zu Seite 35.

S. 94: »Die vier Elemente«: Die Kenntnis aller vier Elemente – und besonders des zunächst am wenigsten vertrauten – ist in der Psychologie nach C. G. Jung ein wesentlicher Schritt auf dem Weg der Aufhebung des Schattens und der Individuation.

S. 95: »Brennpunkt«: Auswertung der Übung: Ändern Sie die Überschrift von »Mein Verhältnis zu dieser Karte...« in »Mein Verhältnis zu mir...«, und lesen Sie Ihren notierten Text daraufhin noch einmal durch. (Quelle: Wie Anm. zu S. 85–87).

S. 99: Auslage »Fragespiel«: In Anlehnung an: Heidemarie Pielmeier/Markus Schirner: Tarot-Welten. 78 neue Legemethoden. Darmstadt 1994, S. 67.

S. 102: Auslage »Der Weg« oder »Die Wende«: Zitiert aus: Hajo Banzhaf: Das Arbeitsbuch zum Tarot: München 1988, S. 14, dort unter der Bezeichnung »Der Weg«.

S. 105: »Erkenne Dich selbst« aus: H. Pielmeier/M. Schirner, a. a. O., S. 16.

S. 118: Auslage »Problemstellung« aus: H. Pielmeier/M. Schirner, a. a. O., S. 60, dort unter dem Titel »Die Problemlösung – Spiel des Schicksals –«.

S. 127: Auslage »Beziehungstarot« aus: Gerd Ziegler (Bodhigyan): Tarot – Spiegel der Seele. Sauerlach 1985, S. 135.

S. 128: Auslage »Partnerschafts-Spiegel« aus: H. Pielmeier/M. Schirner, a. a. O., S. 40, dort unter dem Titel »Partnerschaft – Erkennen –«.

S. 129: Auslage »Beziehungs-Weise«: Abwandlung eines Legemusters (ohne Titel) aus: Hans-Dieter Leuenberger: Schule des Tarot, Bd. 3. Freiburg 1984, S. 202 f.

S. 130: »Tarot-Encounter«: Anand Anupam: Spiel Tarot Spiel Leben. Margarethenried 1981, S. 85 ff.

S. 134 Auslage »Zielsetzung« aus: H. Pielmeier/M. Schirner, a. a. O., S. 17, dort unter der Bezeichnung »Zielstrebigkeit«.

S. 143: »Jahreskreis 2«: Vgl. Paul Marteau: Le Tarot de Marseille. Paris 1949.

S. 144: »Jahreskreis 3«: aus: Erich Bauer: Psycho-Tarot. München 1991, S. 225 f.

S. 147: »Tarot-Tableau«: Vgl. Luisa Francia: Hexentarot. Zürich o. J., S. 21.

S. 153: Diese Auslage geht auf Paul Huson zurück, hier zit. n. H. Banzhaf: Das Tarot-Handbuch. München 1986, S. 241.

S. 157: »Tarot-Tableau 2« aus: Günter A. Hager, a. a. O., S. 166 f.

S. 158: »Der Fächer« aus: Günter A. Hager, a. a. O., S. 165.

S. 159: »Golden-Dawn-Divination« aus: Robert Wang: Der Tarot des Golden Dawn. Sauerlach 1985, S. 159. f.

S. 160: »Tarot-Tableau 3«: Vgl. Anonym: Le tarot divinatoire. Paris 1927, S. 120.

S. 171: »Ganz persönlich« aus: J. Fiebig: Arbeitsblätter Tarot, a. a. O.

S. 173: Tarot und Astrologie: Vgl. J. Fiebig: *Reihe* Die Tierkreiszeichen in Astrologie, Tarot, Traum- und Märchendeutung. 12 Bde. Königsförde 1989–1991.

S. 177: Crowley's Kommentar zu seinen Karten: A. Crowley: Das Buch Thoth. Waakirchen 1981.

S. 179 ff.: Die 36 Dekaden: Vgl. E. Bürger/J. Fiebig (Hg.): Tarot-Calender, Trier, verschiedene Jahrgänge ab 1990.

Literaturhinweise

Anupam, Anand (Hartmut Müller): Spiel Tarot Spiel Leben. Margarethenried 1981, Neuauflage Berlin 1985 (Herzschlag/Simon & Leutner)

Banzhaf, Hajo: Tarot-Deutungsbeispiele. München 1992 (Hugendubel)

Butler, Bill: Dictionary of the Tarot. New York 1975 (Schocken)

Dahm, Ulrike: Abenteuer Tarot. Spiele und Anleitungen für alle Lebenslagen. München 1993 (Heyne)

Fiebig, Johannes: Tarot – Andere Wege im Alltag. Bonn 1987 (Kleine Schritte)

Montano, Mario: Poker mit dem Unbewußten. Praxis des intuitiven Tarot. Freiburg 1990 (Bauer)

Pielmeier, Heidemarie, und Markus Schirner: Tarot-Welten. 78 neue Legemethoden für Anfänger und Fortgeschrittene. Darmstadt 1994 (Schirner)

Pollack, Rachel: Das Tarot-Übungsbuch. München 1987 (Knaur)

Johannes Fiebig

Die 12 Tierkreiszeichen
in Astrologie, Tarot, Traumdeutung & Märchen

Eine inspierende Spurensuche: Wie erscheint und was bedeutet das einzelne Tierkreiszeichen in der Astrologie, im Tarot, in der Traumdeutung und in der Märchensymbolik?!
Welche Querverbindungen bestehen zwischen diesen verschiedenen Symbolsprachen?

Der Widder in uns. *Macht und Abenteuer.* ISBN 3-927808-01-6
Der Stier in uns. *Sinn und Genuß.* ISBN 3-927808-02-4
Die Zwillinge in uns. *Wunder und Wirklichkeit.* ISBN 3-927808-03-2
Tierkreiszeichen Krebs. *Chaos und Geborgenheit.* ISBN 3-927808-04-0
Der Löwe in uns. *Wille und Verwandlung.* ISBN 3-927808-05-9
Die Jungfrau in uns. *Erfahrumg und Ernte.* ISBN 3-927808-06-7
Die Waage in uns. *Liebe und Gerechtigkeit.* ISBN 3-927808-07-5
Der Skorpion in uns. *Geheimnis und Leidenschaft.* ISBN 3-927808-08-3
Der Schütze in uns. *Einsicht und Begeisterung.* ISBN 3-927808-09-1
Der Steinbock in uns. *Talent und Auftrag.* ISBN 3-927808-10-5
Der Wassermann in uns. *Wissen und Weite.* ISBN 3-927808-11-3
Die Fische in uns. *Glaube und Vertrauen.* ISBN 3-927808-12-1
Jeder Band 160 S. kt., zahlr. Abb., DM 14,80

»Der Effekt dieser einzigartigen Kombination *verschiedener Symbolsprachen* besteht... darin, daß der ganze Bedeutungsreichtum der gewöhnlich als Tierkreiszeichen bekannten Symbolgestalten wiedergewonnen und deutlich wird« *(Echo Hamburg).*

»Die Sprache und das Unbewußte: Hier wird der Keller unserer liebgewordenen Symbol-Tiere (Tierkreiszeichen) gemustert und aufgeräumt, werden Fundamente für neue Bilder und Begriffe gelegt...« *(D. Diedrichs).*

Klausbernd Vollmar

Handbuch der Traum-Symbole

320 Seiten, gebunden, mit Lesebändchen,
2., erweiterte Auflage
ISBN 3-927808-14-8, DM 38,–

Dieses Handbuch bietet in rund 2000 Eintragungen von »Aal« bis »Zypresse« eine fundierte und hilfreiche Wegweisung durch die Welt der Traum-Symbole. Seine besonderen Vorteile liegen in der Aktualität, der Vollständigkeit und der Verständlichkeit der Deutungen und Beispiele. Auch aktuelle Traumbilder – wie z. B. »Fernsehen«, »Umweltverschmutzung« oder »Zahlungsziel« – werden hier erläutert (und häufig zum ersten Mal in der Literatur berücksichtigt). Ein zuverlässiger Ratgeber und ein praktisches Nachschlagewerk in einem.

»Vollmars Anliegen ist die positive und kreative Herangehensweise an Traumsymbole. (...) wobei es ihm besonders auf die praktischen Anwendungsmöglichkeiten der historischen Ansätze für die heutige Zeit ankommt.« *(Frankfurter Rundschau)*

»Sein Handbuch sieht er eher als Orientierungshilfe (...), als Anregung, den Traum in mehrere Richtungen zu hinterfragen und sich auf diese Weise selber auf die Spur zu kommen.«
(Kieler Nachrichten)

Weitere Titel aus dem Königsfurt Verlag

Evelin Bürger & Johannes Fiebig:
Tarot für Einsteiger/innen.
3. Auflage, 140 Seiten, ISBN 3-927808-19-9.

Tarot für Einsteiger/innen – mit Waite-Tarot.
Buch & Karten im Set. ISBN 3-927808-33-4.

Tarot für Einsteiger/innen – mit Crowley-Tarot.
Buch & Karten im Set. ISBN 3-927808-34-2.

Tarot – Wege des Glücks.
Die Bildersprache des Waite-Tarot – neu entschlüsselt.
2. Auflage, 240 Seiten, ISBN 3-927808-0-8.

Tarot – Wege des Glücks. Mit Waite-Tarot.
Buch & große Karten im Set. ISBN 3-927808-36-9.

Tarot – Wege der Wandlung *(Arbeitstitel)*.
Die Symbolsprache des Crowley-Tarot – neu entschlüsselt.
In Vorbereitung, ca, 240 Seiten, ISBN 3-927808-16-4.

Klausbernd Vollmar & Johannes Fiebig:
Gelebte Träume sind die besten Träume.
Einführung in die Traumdeutung.
2. Auflage, 140 Seiten, ISBN 3-927808-17-2.

Klausbernd Vollmar:
Handbuch der Traum-Symbole.
2., erweiterte Auflage, 320 Seiten, gebunden,
ISBN 3-927808-14-8.